David North

Die Logik des Zionismus

Vom nationalistischen Mythos zum Genozid in Gaza

AF640148

David North

Die Logik des Zionismus
Vom nationalistischen Mythos zum Genozid in Gaza

Mehring Verlag

Bibliografische Information der Deutschen Nationalbibliothek
Die Deutsche Nationalbibliothek verzeichnet diese Publikation in der Deutschen Nationalbibliografie; detaillierte bibliografische Daten sind im Internet über http://dnb.dnb.de abrufbar.

Originaltitel: The Logic of Zionism:
From Nationalist Myth to the Gaza Genocide

Aus dem Amerikanischen von Ute Reissner

Umschlagentwurf: Kevin Reed und Max Linhoff

Titelfotos (oben, von links nach rechts):
Theodor Herzl, David Ben-Gurion, Benjamin Netanjahu
mit US-Präsident Joe Biden

1. Auflage, April 2024
© MEHRING Verlag GmbH, Essen 2024
www.mehring-verlag.de

Alle Rechte vorbehalten
Fotomechanische Wiedergabe und Einspeicherung
in elektronische Systeme nur mit Genehmigung des Verlags

Satz, Gestaltung und Erstellung der ePublikationen:
Medienwerkstatt Kai Münschke, Essen (www.satz.nrw)

Druck und Bindung: CPI books GmbH, Leck
Printed in Germany

ISBN 978-3-88634-150-4

Dieses Buch ist auch erhältlich als:
ISBN 978-3-88634-750-6 (Epub)
ISBN 978-3-88634-850-3 (PDF)

Inhalt

Israelische Bombardierung des Gazastreifens im Oktober 2023

Vorwort

Nieder mit der Netanjahu-Regierung! Stoppt die vom Imperialismus unterstützte zionistische Offensive gegen Gaza!

Erklärung des Internationalen Komitees der Vierten Internationale

9. Oktober 2023

1. Das Internationale Komitee der Vierten Internationale (IKVI) verurteilt mit Nachdruck die Kriegserklärung der Netanjahu-Regierung an die palästinensische Bevölkerung nach dem Aufstand gegen die israelische Besatzung in Gaza. Die hysterische, an die Nazis erinnernde Hetze des israelischen Regimes kann nur als Aufruf zur Ausrottung eines großen Teils der Einwohner von Gaza verstanden werden. Ebenso nachdrücklich verurteilt das IKVI die Erklärungen, mit denen die Biden-Regierung und die Regierungen der Europäischen Union die genozidale Offensive unterstützen, die jetzt von den israelischen Streitkräften geplant und durchgeführt wird. Mit der Entsendung eines amerikanischen Flugzeugträgers in die Region beweisen die Imperialisten ihre widerwärtige Solidarität mit dem massiven Angriff auf die Palästinenser.

2. Die Arbeiterklasse in Israel und weltweit ist verpflichtet, die palästinensischen Arbeiter und Jugendlichen in ihrem Kampf gegen Unterdrückung zu verteidigen. In den imperialistischen Ländern und auf der ganzen Welt muss es Proteste und Widerstand gegen Waffenlieferungen und Finanzhilfen für die israelische Regierung geben. Massendemonstrationen müssen ein Ende der Besatzung des Gazastreifens und des Westjordanlandes fordern.

3. Wir appellieren insbesondere an die israelische Arbeiterklasse und alle fortschrittlichen Teile der jüdischen Bevölkerung, den giftigen Chauvinis-

mus des Netanjahu-Regimes zurückzuweisen. Dieses Regime vertritt nicht ihre Interessen. Die israelischen Arbeiter und Jugendlichen müssen sich der kriminellen Politik ihrer Regierung entgegenstellen und sie anprangern.

4. Wie immer in der Geschichte ruft jeder Akt des Widerstands der Massen bei den herrschenden Eliten unbändige Empörung hervor. Doch so lautstark Biden, Scholz, Macron und ihresgleichen auch über »Terrorismus« zetern, Arbeiter, Jugendliche und die unterdrückten Massen weltweit haben trotz der zionistischen Dauerpropaganda Sympathie für die Palästinenser. Vielen ist bewusst, dass es sich um einen Massenaufstand gegen eine brutale Besatzung handelt und die herrschende Klasse jede Form des Widerstands gegen ihre Interessen und Politik als »Terrorismus« brandmarkt.

5. Wie der Krieg in der Ukraine werden auch die Ereignisse in Palästina von den kapitalistischen Medien aus ihrem historischen Zusammenhang gerissen. Vor 75 Jahren wurde Palästina von dem neu gegründeten Staat Israel besetzt, und die Einwohner wurden aus ihrer Heimat vertrieben. Mit dem Sechstagekrieg von 1967 – vor 56 Jahren – begann die israelische Besetzung und Annexion des Westjordanlands. 2006 – vor 17 Jahren – führte Israel Krieg gegen Gaza und errichtete eine Blockade, die den Gazastreifen in ein »Freiluftgefängnis« verwandelte, wie es Human Rights Watch ausdrückte. Jahrzehntelang wurden die Einwohner von Gaza ermordet und bombardiert. Die Luftangriffe trafen die ständig schrumpfenden Landstriche, in denen die Palästinenser eingepfercht leben, ebenso wie die Gebiete, in die viele geflohen sind, so wie 1982 beim Massaker an Palästinensern in den Flüchtlingslagern Sabra und Schatila im Libanon.

6. Bei dieser Politik wird Israel seit jeher von den imperialistischen Mächten unterstützt, vor allem von den Vereinigten Staaten, für die Israel der wichtigste Stellvertreter im Nahen Osten ist. Die Vereinten Nationen haben zwar Resolutionen gegen die Annexionen verabschiedet, sie aber nie durchgesetzt. Die arabischen bürgerlichen Regime paktierten mit den imperialistischen Mächten und Israel und lieferten die palästinensische Bevölkerung der blutigen Gewalt der Besatzer aus. Trotzdem ist es der israelischen Regierung und ihren Hintermännern nicht gelungen, das

Streben der Palästinenser nach demokratischen und sozialen Rechten zu unterdrücken.

7. Jetzt ist ein entscheidender Moment. Monatelang haben Netanjahu und seine faschistischen Koalitionspartner, die Parteien Religiöser Zionismus unter der Führung von Bezalel Smotrich und Otzma Jehudit (Jüdische Stärke) unter Itamar Ben-Gvir, eine Offensive der israelischen Verteidigungskräfte (IDF) vorangetrieben. Polizei und Siedlergruppen führten fast täglich Angriffe auf Städte und Dörfer im Westjordanland, im Gazastreifen und in Israel selbst und lancierten Provokationen in der Al-Aksa-Moschee.

8. Der Widerstand der palästinensischen Massen ist ein politisches Debakel für Netanjahu, der sogar nach israelischem Recht ein Verbrecher ist. Es ist eine bekannte Tatsache, dass dieser skrupellose Gangster sich an die Macht klammert, um nicht ins Gefängnis zu müssen. Millionen Israelis wissen auch, dass Netanjahu Angriffe gegen Palästinenser organisiert hat, um eine gewalttätige Reaktion zu provozieren. Er versucht auf diesem Weg, die innenpolitische Opposition abzulenken. Die palästinensische Antwort auf seine kriminellen Machenschaften hat jedoch Netanjahus Kalkül weit übertroffen.

9. Die Hamas hat eine Militäroffensive mit Tausenden Kämpfern begonnen, obwohl sie in einem Ghetto lebt, das scheinbar undurchdringlich war, umzingelt von feindlichen Truppen und unter ständiger Überwachung und gezielten Attentaten. Eine Operation dieses Ausmaßes konnte nur aufgrund der überwältigenden Unterstützung der zwei Millionen Gaza-Einwohner geplant und vorab geheim gehalten werden. Es handelt sich um einen echten Volksaufstand gegen einen bis an die Zähne bewaffneten Unterdrücker. Er erinnert an den Aufstand der jüdischen Insassen des Warschauer Ghettos 1943 und den großen Aufstand der Warschauer Arbeiterklasse gegen die Nazi-Besatzung 1944.

10. Die herrschende Klasse Israels will durch die gewaltsame Vertreibung der Palästinenser den exklusiv jüdischen Charakter des Staats sichern. Sie ist nun an einem Punkt angelangt, an dem sie diese reaktionäre Politik nur

noch durch Massenmord und ethnische Säuberung aufrechterhalten kann. Netanjahu hat versprochen, den Gazastreifen – der nur 43 Kilometer lang und 10 Kilometer breit ist – in »Schutt und Asche« zu legen. Er fordert die dort gefangene Bevölkerung auf, »aus dem Weg zu gehen«, obwohl er weiß, dass sie das nicht kann.

11. Der brutale militärische Gegenschlag hat bereits begonnen. Am zweiten Tag der »Operation Eiserne Schwerter« griff Israel 800 Ziele im Gazastreifen an, kappte die Stromversorgung, stoppte den Warenverkehr in die und aus der belagerten Enklave und bombardierte Krankenhäuser und Wohnhäuser, in denen Hunderte von schutzlosen Zivilisten leben. Die Palästinenser versuchen, sich in den Schulen, die vom Hilfswerk der Vereinten Nationen für Palästina-Flüchtlinge im Nahen Osten (UNRWA) betrieben werden, vor den Luftangriffen zu schützen.

12. Das ist die nackte Realität hinter Netanjahus Kriegserklärung, die von der Biden-Regierung in den USA, den Regierungen aller Großmächte und den Massenmedien unterstützt wird. In einer Zeit wachsender sozialer Unruhen und Streiks auf der ganzen Welt ist die herrschende Klasse überall von der Angst getrieben, dass jede Art von Widerstand aus der Bevölkerung Schule machen könnte.

13. Die imperialistischen Führer und ihre Sprachrohre in der Presse stellen sich nicht gegen »Terrorismus«, sondern gegen den Massenwiderstand gegen die Besatzung und den Terror, der täglich von Israel ausgeübt wird. Und sie werden nicht davor zurückschrecken, auch einen Völkermord an den Palästinensern und eine Ausweitung des Konflikts auf einen regionalen Krieg gegen Iran, Syrien und Libanon zu unterstützen. So erklärte das »Wall Street Journal« in einem Leitartikel:

> Und bitte keine Verurteilung von Israels »Blockade« oder »Besatzung« mehr ... Das Weiße Haus wird versucht sein, Israel etwa eine Woche Zeit zu geben, um mit freier Hand zu reagieren, und dann die Netanjahu-Regierung drängen, sich zurückzuhalten. Das ist immer die Taktik der USA, aber dieses Mal muss es anders sein. Wenn ein größerer Krieg ausbricht, werden die USA Israel mit den Waffen und

der diplomatischen Unterstützung versorgen müssen, die notwendig sind, um die Hamas und die militärischen Kapazitäten der Hisbollah zu zerstören.[1]

14. Die Furcht der Medien vor einem Rückzug der Biden-Regierung ist unbegründet. Am Sonntag bestätigte Verteidigungsminister Lloyd Austin, dass die USA »in den kommenden Tagen« einen Flugzeugträgerverband mit dem 20 Milliarden Dollar teuren Flugzeugträger Ford in die Region entsenden und Munition bereitstellen werden. Dies ist nicht nur »Solidarität« mit Israel, sondern die Vorbereitung auf einen Krieg. Während sie ihre uneingeschränkte Unterstützung für Israels militärische Reaktion verkünden, fällt kein Wort über die willkürliche Tötung von Palästinensern. Es gibt keine Aufrufe zur Zurückhaltung, geschweige denn zu einem Waffenstillstand. Die Imperialisten äußern höchstens die Sorge, dass die Munitionslieferungen an Israel die Lieferungen an die Ukraine verringern könnten, die für die Eskalation des NATO-Kriegs gegen Russland benötigt werden.

15. Um jede Solidarität für die palästinensische Bevölkerung zu diskreditieren, erheben die imperialistischen Regierungen und Medien unweigerlich den Vorwurf des »Antisemitismus«. Die Heuchelei dieser erbärmlichen Verleumdung stinkt zum Himmel. Wenn es ihren Interessen dient, haben die herrschenden Eliten kein Problem damit, sich mit Hitler-Apologeten und Neonazis zu verbünden. Die deutsche Regierung unterstützt rechte Akademiker, die die Verbrechen des Naziregimes rechtfertigen und verharmlosen. Vor weniger als zwei Wochen feierten das gesamte kanadische Parlament sowie Premierminister Trudeau und die deutsche Botschafterin mit stehenden Ovationen den ukrainischen Veteranen Jaroslaw Hunka, ein ehemaliges Mitglied der Waffen-SS, die an der Ermordung der Juden im Holocaust beteiligt war.

16. Das Netanjahu-Regime ist zu jedem Verbrechen fähig. Aber es ist nicht unbesiegbar. Sein blutrünstiges Kriegsgeheul kann die Angst und Ver-

1 »War Returns to the Middle East«, in: *Wall Street Journal*, 7. Oktober 2023.

zweiflung der Regierung nicht verbergen. Sie ist nicht nur mit dem Widerstand der palästinensischen Massen konfrontiert, sondern auch mit dem wachsenden Widerstand der israelischen Arbeiterklasse. Das ganze Jahr über gab es Massendemonstrationen israelischer Arbeiter und Jugendlicher gegen die Regierung Netanjahu und ihre autoritäre Politik. Diese Proteste wurden aber von ihrer Führung untergraben, die sich weigerte, die Unterdrückung der Palästinenser zu thematisieren. Netanjahus Kriegserklärung hat auch die wichtigsten zionistischen Oppositionsführer, Jair Lapid von Jesch Atid und Benny Gantz von der Partei der Nationalen Einheit, entlarvt. Sie haben sich wie erwartet hinter die israelischen Kriegspläne gestellt. Derzeit laufen intensive Gespräche zur Bildung einer Regierung der nationalen Einheit mit Netanjahu.

17. Der Feind der Arbeiter und Jugendlichen in Israel sind nicht die Palästinenser, sondern die Netanjahu-Regierung und die israelische herrschende Klasse. Ihre Schritte, mit demokratischen Herrschaftsformen in Israel zu brechen, stehen im Zusammenhang mit der extremen Zunahme der sozialen Ungleichheit und dem verstärkten Angriff auf Sozialprogramme.

18. Die gegenwärtige Situation ist von einem großen historischen und politischen Widerspruch geprägt: Die israelische Arbeiterklasse kann ihre eigenen demokratischen Rechte nicht verteidigen, ohne für die demokratischen Rechte der palästinensischen Bevölkerung gegen die zionistische Unterdrückung zu kämpfen. Und die Palästinenser können ihren Kampf für demokratische Rechte und soziale Gleichheit ohne ein Bündnis mit der israelischen Arbeiterklasse nicht verwirklichen. Die einzige realistische Perspektive ist nicht der Mythos der »Zweistaatenlösung«, sondern ein vereinigter sozialistischer Staat jüdischer und arabischer Arbeiter.

19. Wie heldenhaft der Kampf der Palästinenser auch sein mag, die unerträglichen Bedingungen, mit denen sie konfrontiert sind, können ohne die Entwicklung einer internationalen Bewegung der Arbeiterklasse für den Sozialismus nicht beseitigt werden. Das gilt ebenso für die jüdischen Arbeiter und Jugendlichen in Israel. Die Gefahr eines erneuten Anwachsens des Antisemitismus ist sehr real. Aber sie geht nicht von den

demokratischen Bestrebungen der Massen in Gaza und im besetzten Westjordanland aus, sondern von dem reaktionären nationalen Chauvinismus, der im Kapitalismus und Imperialismus geschürt wird.

20. Der Aufstand in Palästina ist Teil der Wut und Welle des Widerstands, die sich in Massenstreiks und Protesten auf der ganzen Welt Bahn bricht. Diese soziale Bewegung muss ausgeweitet und von einem bewussten sozialistischen und revolutionären Programm geleitet werden, um den imperialistischen Krieg zu stoppen und der Ungleichheit und allen Formen der Unterdrückung ein Ende zu setzen. Das ist die Perspektive und das Programm der trotzkistischen Vierten Internationale unter der Führung des Internationalen Komitees.

Anmerkung zur deutschen Ausgabe:
Die Zitate aus englischsprachigen Quellen wurden, sofern nichts anderes angegeben ist, für diese Ausgabe ins Deutsche übertragen. Die Zitate aus dem Internet wurden kurz vor dem Erscheinungsdatum abgerufen.

Leo Trotzki, 1937

Sozialistischer Internationalismus und der Kampf gegen Zionismus und Imperialismus

Der Titel des heutigen Vortrags lautet »Leo Trotzki und der Kampf für den Sozialismus im 21. Jahrhundert«. Er ist Teil einer Veranstaltungsreihe in den Vereinigten Staaten und anderen Ländern aus Anlass des 100. Jahrestags der Linken Opposition, die im Oktober 1923 in der Sowjetunion unter der Führung von Leo Trotzki gegründet wurde. Dies war der Auftakt zum folgenreichsten politischen Kampf des 20. Jahrhunderts: dem von Leo Trotzki angeführten Kampf gegen die bürokratische Degeneration der Kommunistischen Partei und des Sowjetstaats unter dem stalinistischen Regime, und gegen den Verrat am Programm und den Prinzipien des Internationalismus, auf denen die Oktoberrevolution von 1917 beruht hatte.

Wenn ich sage, es war der folgenreichste Kampf, dann aus folgendem Grund: Wäre dieser Kampf anders ausgegangen, hätte er also mit dem Sieg der trotzkistischen Fraktion und der Niederlage des Stalinismus geendet, so wäre das 20. Jahrhundert das Jahrhundert gewesen, in dem die sozialistische Weltrevolution gesiegt hätte. In einem Vortrag, den ich Ende der 1990er Jahre hielt, antwortete ich auf die Behauptung, dass es keine Alternative zum Stalinismus gegeben habe und dass die Russische Revolution von Anfang an zum Untergang verurteilt gewesen sei. Vertreten wurde diese Einschätzung von Eric Hobsbawm, einem bekannten britischen Historiker, der 60 Jahre lang in der britischen Kommunistischen Partei aktiv gewesen war. Er hatte ein handfestes politisches und theoretisches Interesse daran, die Möglichkeit einer Alternative zum Stalinismus zu bestreiten. Er rechtfertigte damit seine eigene Politik.

Seine Behauptungen waren allerdings falsch. Die Auseinandersetzungen der 1920er und 1930er Jahre hatten tiefgreifende Auswirkungen auf den Verlauf des letzten Jahrhunderts und damit auch auf die Be-

Vortrag an der University of Michigan in Ann Arbor am 24. Oktober 2023.

dingungen, unter denen wir heute leben. Die Niederlage Trotzkis in der Sowjetunion, d. h. der Sieg des Stalinismus, hatte katastrophale Folgen für den Ausgang des Klassenkampfs in Deutschland. Die Kritik Trotzkis an der Politik der stalinistischen Partei in Deutschland – seine Warnungen vor der Gefahr des Faschismus, seine Kritik an der ultralinken Politik der Kommunistischen Partei – sollte sich als richtig erweisen. Der Aufstieg Hitlers hätte gestoppt werden können. Trotzki trat für eine Einheitsfront der Sozialdemokratischen und der Kommunistischen Partei ein, der beiden Massenparteien der Arbeiterklasse in Deutschland. Er schrieb, dass nichts wichtiger sei als die Niederlage Hitlers, und er warnte, dass die Niederlage der Arbeiterklasse und die Machtübernahme Hitlers eine weltweite Katastrophe von unvorstellbaren Ausmaßen mit sich bringen würde. Und Trotzki warnte auch, dass die Vernichtung des europäischen Judentums Teil dieser Katastrophe sein würde.

Diese Warnungen wurden ignoriert. Hitler kam an die Macht, und die Folgen waren furchtbar. So wurde eine Reihe von Ereignissen in Gang gesetzt, deren politische Wirkung bis heute anhält. Ohne den Sieg Hitlers, ohne den Sieg des Faschismus, hätte es keine zionistische Massenbewegung und keine Massenauswanderung von Juden nach Palästina gegeben.

Damit würde einer der Hauptfaktoren für die eskalierende Krise, die wir jetzt erleben, gar nicht existieren.

Der Sieg der deutschen Arbeiterklasse – die Machtübernahme der Arbeiterklasse im fortgeschrittensten Industrieland Europas – wäre ein wichtiger Meilenstein auf dem Weg zum Sozialismus in der ganzen Welt gewesen.

Ursprünglich wollte ich in diesem Vortrag die historischen Ereignisse und Themen Revue passieren lassen, die zur Gründung der Linken Opposition geführt haben, und erklären, warum die Lehren aus dieser Geschichte so wichtig sind, um die heutige Weltlage zu verstehen und eine revolutionäre sozialistische Strategie zu entwickeln.

Aber aufgrund der aktuellen Ereignisse, da sind wir uns sicher einig, muss der heutige Vortrag etwas anders aufgebaut werden. Ich werde eingangs auf die aktuelle Lage eingehen und dann aufzeigen, wie sie mit den wesentlichen Fragen der marxistischen Theorie, der politischen Perspektive und des sozialistischen Programms zusammenhängt, die im Mittelpunkt des von der Linken Opposition geführten Kampfs gegen den Stalinismus standen.

Wir erleben derzeit die größte internationale Krise seit dem Ende des Zweiten Weltkriegs. Es gibt zwei entsetzliche Kriege: in der Ukraine und in Gaza. Genauer gesagt handelt es sich um zwei Fronten in einem rasch eskalierenden Dritten Weltkrieg, dessen Ausmaß und Grausamkeit, wenn er nicht durch eine Antikriegsbewegung der internationalen Arbeiterklasse gestoppt wird, den Ersten Weltkrieg (1914–1918) und den Zweiten Weltkrieg (1939–1945) übertreffen wird. Während wir hier zusammenkommen, ziehen die Vereinigten Staaten im Mittelmeer eine massive militärische Eingreiftruppe zusammen, die von zwei Flugzeugträgern angeführt wird. Die Regierung Biden droht mit einer Intervention, falls die Kämpfe zwischen Israel und der Hisbollah zunehmen. Dies könnte zu einem Krieg zwischen den Vereinigten Staaten und dem Iran führen.

Präsident Biden hat letzte Woche nach seiner Rückkehr aus Israel ausdrücklich einen Zusammenhang zwischen den Kriegen in der Ukraine und im Gazastreifen hergestellt. Er forderte zusätzliche 105 Milliarden Dollar an Militärausgaben – zusätzlich zu der bereits für 2023 genehmigten Billion – und erklärte, beide Kriege seien entscheidend für die »nationale Sicherheit« der Vereinigten Staaten, womit er die globalen geopolitischen Interessen des amerikanischen Imperialismus meint.

Die USA und ihre NATO-Verbündeten haben mithilfe ihrer ukrainischen Stellvertreter einen imperialistischen Krieg gegen Russland angezettelt, dessen Ziel ein Regimewechsel, die Zerschlagung des Landes, die Neuaufteilung seiner Bruchstücke unter die NATO-Mächte nach den Vorgaben der USA und die Plünderung seiner riesigen Rohstoffvorkommen ist.

Wie die drohende Konfrontation mit dem Iran deutlich macht, ist der israelische Angriff auf die Bevölkerung im Freiluftgefängnis von Gaza eine Ausweitung dieses globalen Kriegs. Ziel des israelischen Angriffs auf Gaza, der sich zu einem Völkermord ausgewachsen hat, ist die Zerschlagung des palästinensischen Widerstands gegen das zionistische Regime. Da sich die Regierung und das Militär Israels der Sprache und Methoden der Vernichtung bedienen, ist es durchaus angebracht, diesen Krieg als »Endlösung« der Palästinenserfrage aus Sicht des zionistischen Regimes zu bezeichnen.

Dieser Vernichtungskrieg wird von den Regierungen aller großen imperialistischen Staaten unterstützt. Inmitten des Gemetzels an der Bevölkerung des Gazastreifens erklären die imperialistischen Staatschefs ihre Solidarität mit Israel. In einem mittlerweile obligatorischen politischen Ritual sind Präsident Biden, der britische Premierminister Sunak und der deutsche Bundeskanzler Scholz nach Israel gepilgert. Der französische Präsident Macron ist heute dort eingetroffen.

Sie alle bekunden tiefes Mitgefühl für das jüdische Volk und verteidigen den israelischen Angriff auf Gaza unter Berufung auf den Holocaust der Nazis. Das Ausmaß ihrer Lüge und Heuchelei ist unermesslich. Sie alle sind die politischen Nachfahren von Regierungen, die von 1939 bis 1945 die Verfolgung und den Massenmord an den Juden entweder organisiert, dabei kollaboriert oder die Augen davor verschlossen haben. Mit der Vernichtung der Juden durch die deutsche herrschende Klasse in den Jahren, in denen sie Adolf Hitler die Macht und die Verteidigung ihrer wirtschaftlichen Interessen anvertraut hatte, erreichte die Fäulnis der kapitalistischen Gesellschaft eine grauenhafte Stufe: den Einsatz moderner Technologie und industrieller Organisation für das Verschleppen und Töten von Millionen Menschen. Die französische herrschende Klasse kollaborierte mit dem Naziregime. Etwa 25 Prozent der jüdischen Bürger Frankreichs wurden den Nazis zur Vernichtung überlassen.

Großbritannien war nicht von den Nazis besetzt, und seine relativ kleine jüdische Bevölkerung blieb von den Schrecken der Vernichtung verschont. Aber in der grausamen Behandlung der Juden, die aus dem von den Nazis besetzten Europa geflohen waren, zeigte sich, welcher Antisemitismus in der britischen herrschenden Klasse grassierte.

Über 20 000 deutsche Juden, die nach Großbritannien geflohen waren, wurden als »feindliche Ausländer« eingestuft, festgenommen und in Internierungslagern auf der Isle of Man in der Irischen See untergebracht. In einem dieser Lager, dem »Hutchinson Camp«, saßen 1200 Flüchtlinge ein, darunter führende Künstler, Musiker und Intellektuelle. Eine detaillierte Beschreibung dieser Masseninternierung von jüdischen Flüchtlingen findet sich in dem Buch »The Island of Extraordinary Captives« des Journalisten Simon Parkin.[1] Die britische Regierung hat die Misshandlung

1 Simon Parkin, *Die Insel der außergewöhnlichen Gefangenen. Deutsche Künstler in Churchills Lagern*, Berlin 2023.

der jüdischen Flüchtlinge nie zugegeben, geschweige denn sich dafür entschuldigt.

Was die Vereinigten Staaten betrifft, so ist die Gleichgültigkeit der Regierung Roosevelt gegenüber dem Schicksal der Juden eine unwiderlegbare historische Tatsache. Hunderttausende europäischer Juden, die hätten gerettet werden können, starben in den Gaskammern der Nazis, weil ihnen die Einreise in die Vereinigten Staaten verwehrt wurde. Im Jahr 1939 verweigerten die Vereinigten Staaten 900 jüdischen Flüchtlingen die Erlaubnis, von Bord der »MS St. Louis« an Land zu gehen. Sie waren gezwungen, nach Europa zurückzukehren. Hunderte dieser Flüchtlinge wurden anschließend von den Nazis ermordet. Selbst als bekannt wurde, dass Nazideutschland täglich Tausende von Juden vergast, wurden militärische Maßnahmen, die den Transport der Juden in die Vernichtungslager hätten stören können, zum Beispiel die Bombardierung der Eisenbahnstrecken nach Auschwitz, rundweg abgelehnt.

War es späte Reue über ihr Versagen bei der Rettung der Juden vor dem Völkermord Hitlers, die die Vereinigten Staaten veranlasste, sich für die Gründung Israels einzusetzen? Biden brüstete sich letzte Woche damit, dass die Vereinigten Staaten unter Präsident Harry Truman das erste Land waren, das den Staat Israel nach seiner Gründung im Jahr 1948 anerkannte. Grund für diese Entscheidung Trumans war jedoch nicht Mitgefühl für das jüdische Volk.

Ungeachtet seiner gut dokumentierten antisemitischen Bigotterie ließ sich Truman in seiner Politik davon leiten, was in seinen Augen für die Interessen des amerikanischen Imperialismus das Beste war: in erster Linie die Ablösung Großbritanniens als wichtigste imperialistische Macht im Nahen Osten und schließlich der Einsatz Israels als Washingtons wichtigster Kettenhund in der Region. Diese Rolle hat das Land in seiner gesamten 75-jährigen Geschichte fast durchgängig erfüllt. Wie Biden in seiner Rede vor dem israelischen Parlament mit bemerkenswerter Offenheit betonte: »Ich sage schon lange: Wenn Israel nicht existierte, müssten wir es erfinden.«[2] Israels Dienste als Klientelstaat des amerikanischen

2 Präsident Biden in Tel Aviv, auf: https://de.usembassy.gov/de/praesident-biden-in-tel-aviv/.

Imperialismus sind für den US-NATO-Imperialismus wichtiger denn je, denn er bereitet sich auf militärische Operationen gegen den Iran vor.

Man kann nicht übersehen, dass die bedingungslose Unterstützung Israels seitens der imperialistischen Mächte mit einem offenen Bündnis mit dem Regime in der Ukraine einhergeht, dessen wichtigster Nationalheld, Stepan Bandera, ein bösartiger Faschist und Antisemit war – Führer der Organisation Ukrainischer Nationalisten (OUN), die bei der Ausrottung der Juden in der Ukraine mit den Nazis kollaborierte.

Giorgia Meloni, die faschistische Ministerpräsidentin Italiens, die ihren politischen Stammbaum auf Benito Mussolini zurückführt, ist ebenfalls nach Israel gereist und hat sich an der Seite von Netanjahu mit dem zionistischen Regime solidarisch erklärt.

Letzten Monat erhoben sich alle Mitglieder des kanadischen Parlaments sowie Premierminister Justin Trudeau und die deutsche Botschafterin, um dem ukrainischen Faschisten Jaroslaw Hunka, der in der Waffen-SS als Verbündeter der Nazis im Krieg gegen die Sowjetunion gedient hatte, eine stehende Ovation darzubringen.

Die eklatante Kollaboration der imperialistischen Mächte mit den ukrainischen Faschisten, die insbesondere in Deutschland mit dem ständigen Bemühen einhergeht, die Verbrechen des Naziregimes zu relativieren und zu rechtfertigen, hindert die Vereinigten Staaten, ihre NATO-Verbündeten und natürlich das zionistische Regime nicht daran, jeden, der die brutale Verletzung der demokratischen Rechte der Palästinenser durch Israel aufdeckt, anprangert oder auch nur in Frage stellt, des »Antisemitismus« zu bezichtigen.

Während seiner jüngsten Welttournee wurde dem legendären Musiker Roger Waters unaufhörlich Antisemitismus vorgeworfen, weil er den Mut hatte, das palästinensische Volk zu verteidigen. Jeder, der das Werk von Roger Waters kennt, weiß, dass er ein bedeutender Künstler ist, der sich an vorderster Front für die Menschenrechte einsetzt, und dass sein Widerstand gegen die Politik des israelischen Regimes absolut nichts mit Antisemitismus zu tun hat.

Der Antisemitismus, der im späten 19. Jahrhundert als mächtige reaktionäre Bewegung zunächst in Wien unter Bürgermeister Karl Lueger entstand, diente von Anfang an als Waffe für den politischen und ideologischen Kampf gegen die aufstrebende sozialistische Arbeiterbewegung. Der Zusammenhang zwischen dem Judenhass der Antisemiten und ihrem Hass auf den Sozialismus und die Arbeiterbewegung war weithin bekannt.

Diese Verquickung fand in der Weltanschauung und Politik von Adolf Hitler ihren bösartigsten Ausdruck. Auf der Grundlage einer sorgfältigen Lektüre von Hitlers »Mein Kampf« führte der Journalist Konrad Heiden, einer der ersten Biografen Hitlers, den rasenden Antisemitismus des Naziführers darauf zurück, dass er die Juden mit der Arbeiterklasse und dem Sozialismus gleichsetzte. Heiden schrieb:

> Da ging ihm ein großes Licht auf. Plötzlich wurde die »Judenfrage« klar ... Die Arbeiterbewegung stieß ihn nicht ab, weil sie von Juden geführt wurde, sondern die Juden stießen ihn ab, weil sie die Arbeiterbewegung führten ... Aber eines ist sicher: Nicht Rothschild, der Kapitalist, sondern Karl Marx, der Sozialist, entfachte Adolf Hitlers Antisemitismus.[3]

Und was an der Arbeiterbewegung war es, das Hitlers Hass erregte? Es war vor allem die Forderung nach der Gleichheit aller Menschen. Heiden schrieb:

> Einer der typischsten Vorwürfe Hitlers an die Arbeiterbewegung lautet, dass sie sich in Österreich für gleiche Rechte eingesetzt habe – zum Nachteil der von Gott auserwählten Herrenrasse.[4]

Aber jetzt hat der Antisemitismus im Interesse des Imperialismus eine völlig neue Bedeutung angenommen. Er dient als Schimpfwort, um diejenigen zu denunzieren und zu diskreditieren, die für demokratische Rechte, die Gleichheit der Menschen und – natürlich – den Sozialismus kämpfen.

Die Propagandakampagne, mit der jetzt der völkermörderische Krieg Israels gegen die Palästinenser gerechtfertigt wird, hat noch ein weiteres Element. Der Ausbruch aus dem Gazastreifen am 7. Oktober, der von der Hamas angeführt wurde und den Tod von etwa 1500 Israelis zur Folge

3 Konrad Heiden, *Der Fuehrer: Hitler's Rise to Power*, Boston 1944, S. 66.

4 Ebd.

hatte, wird als ein monströses Verbrechen dargestellt, als Ausdruck dessen, was Biden mehrfach als »das pure, ungeschminkte Böse« bezeichnet hat.

Der Tod so vieler unschuldiger Menschen ist tragisch. Aber die Wurzeln dieser Tragödie liegen in objektiven historischen Entwicklungen und politischen Bedingungen, die ein solches Ereignis unvermeidlich machten. Wie immer sträuben sich die herrschenden Klassen gegen jeden Hinweis auf die Ursachen des Aufstands. Ihre eigenen Massaker und das gesamte blutige System der Unterdrückung, das sie in aller Brutalität betreiben, dürfen nicht erwähnt werden.

Aber ist es wirklich überraschend, dass sich die Wut über die jahrzehntelange Unterdrückung durch das zionistische Regime explosiv Bahn gebrochen hat? So ist es auch früher gewesen, und solange Menschen unterdrückt und misshandelt werden, wird es auch in Zukunft so bleiben. Von denjenigen, die unter Unterdrückung leiden, kann nicht erwartet werden, dass sie in einer verzweifelten Rebellion, bei der ihr eigenes Leben auf dem Spiel steht, ihren Peinigern mit zartfühlender Höflichkeit begegnen. Solche Aufstände sind oft durch grausame und blutige Racheakte gekennzeichnet.

Es gibt viele Beispiele: der Sepoyaufstand in Indien, der Aufstand der Dakota-Indianer gegen die Siedler, der Boxeraufstand in China, der Aufstand der Hereros in Südwestafrika und, in jüngerer Zeit, der Aufstand der Mau-Mau in Kenia. Jedes Mal wurden die Aufständischen als herzlose Mörder und Dämonen beschimpft und mit brutaler Vergeltung überzogen. Es mussten Jahrzehnte, wenn nicht gar ein Jahrhundert oder mehr vergehen, bis sie mit Verspätung als Freiheitskämpfer geehrt wurden.

Als Abraham Lincoln über die Ursachen für den amerikanischen Bürgerkrieg sprach, der zu mehr als 700 000 Toten geführt hatte, führte er diese Tragödie auf 250 Jahre Sklaverei zurück und berief sich auf die Worte aus dem Evangelium nach Matthäus: »Wehe der Welt mit ihrer Verführung! Es muss zwar Verführung geben; doch wehe dem Menschen, der sie verschuldet.«[5] Im Fall der Palästinenser und der Bevölkerung von Gaza geht die »Verführung« vom zionistischen Staat und seinen imperialistischen Schutzherren aus.

5 Abraham Lincoln, *Second Inaugural Address* (Zweite Antrittsrede), 4. März 1865, auf: https://www.nps.gov/linc/learn/historyculture/lincoln-second-inaugural.htm.

Die lange Geschichte zionistischer Massaker an Palästinensern, ohne die der Staat Israel nicht hätte gegründet werden können, wird bei der Verurteilung der Hamas und der Palästinenser ausgeklammert. Selbst kurz zurückliegende Ereignisse werden aus der Berichterstattung herausgehalten. Beispielsweise wird nirgends erwähnt, dass 2018 mehr als 200 Bewohner des Gazastreifens von israelischen Soldaten erschossen wurden, als sie friedlich auf ihrer Seite der Grenze demonstrierten.

Erst heute hat John Kirby, der Sprecher der Regierung Biden, wieder ausdrücklich erklärt, dass die Vereinigten Staaten einen Waffenstillstand ablehnen. Er räumte ein, dass viele Zivilisten sterben würden, aber das sei nun einmal so. Mit dieser Aussage hat er die gesamte Grundlage seiner Verurteilung der Hamas ad absurdum geführt. Er sagt schlicht: »Ja, bei einer Militäraktion sterben Zivilisten, aber daran ist nichts auszusetzen, wenn diese Zivilisten von Israelis getötet werden. Mit dem ›puren, ungeschminkten Bösen‹ haben wir es nur zu tun, wenn Zivilisten bei einer Militäraktion der Palästinenser sterben.«

Man hat uns gefragt, warum wir die Hamas nicht für die Gewalt vom 7. Oktober verurteilt haben. Die Antwort ist, dass wir den reaktionären Zynismus und die Heuchelei, Widerstand gegen Unterdrückung zu verurteilen und Gewaltausbrüche der Unterdrückten mit der weitaus größeren, unbarmherzigen und systematischen Gewalt der Unterdrücker gleichzusetzen, nicht mitmachen und ihnen keine Legitimität verleihen.

Die Heuchelei wird dadurch unterstrichen, dass unter den Gründern des Staates Israel Terroristen waren, die weder vor Bombenanschlägen noch vor Morden zurückschreckten, um ihre politischen Ziele zu erreichen.

Eine der Hauptfiguren in dem Film »Exodus«, der 1960 zur Verherrlichung der Gründung des Staates Israel gedreht wurde, und zwar eine eigenartig ehrliche Hauptfigur, ist ein Anführer einer zionistischen Terrorgruppe. Er erklärt und rechtfertigt ganz unverblümt den Einsatz von Terror. Dieser Mann wird in dem Film als eine fehlgeleitete, aber heroische Gestalt dargestellt. Als Vorbild diente der Anführer der berüchtigten zionistischen Terrororganisation Lechi, auch als Stern-Bande bekannt. Ihr Gründer Avraham Stern hatte geschrieben:

> Das Schicksal der Nationen wurde schon immer durch Gewalt geschmiedet ... Das Schicksal des Landes Israel wurde schon immer

> durch das Schwert bestimmt, nicht durch Diplomatie. Die einzige Gerechtigkeit in der Welt ist Gewalt, und das höchste Gut in der Welt ist die Freiheit. Das Recht auf Leben wird nur dem Starken gewährt, und wenn Macht nicht rechtmäßig verliehen wird, sollte sie illegal erobert werden.[6]

Der operative Anführer der Stern-Bande war Jitzchak Schamir, der 1948 die Ermordung von Graf Folke Bernadotte anordnete – dem Vermittler der Vereinten Nationen, der mit den Verhandlungen über die Beilegung des Kriegs nach der Ausrufung des Staates Israel betraut worden war. Welche Strafe erhielt Schamir für die Ermordung des UN-Vermittlers? In den Jahren nach der Unabhängigkeit Israels bekleidete er eine hochrangige Position in dessen Geheimpolizei Mossad.

1983 wurde Schamir Premierminister. Seine erste Amtszeit endete 1984. Doch 1986 eroberte er das Amt zurück und behielt es bis 1992 bei. Er verstarb 2012 im Alter von 96 Jahren, und alle führenden Politiker des israelischen Staates zollten dem skrupellosen Terroristen höchste Anerkennung.

Unsere Kritik an der Hamas ist politischer, nicht heuchlerisch-moralischer Natur. Die Hamas ist eine bürgerlich-nationale Bewegung, und ihre Methoden, einschließlich Militäroperationen wie der vom 7. Oktober, können weder die Niederlage des zionistischen Regimes noch die Befreiung des palästinensischen Volkes herbeiführen. Und da die Hamas stets von der Schirmherrschaft des einen oder anderen bürgerlichen Regimes im Nahen Osten abhängig ist, bleibt ihr Kampf gegen den zionistischen Staat immer den Interessen der herrschenden kapitalistischen Eliten der Region untergeordnet und damit auch deren reaktionären Manövern mit dem israelischen Regime und dem Weltimperialismus.

Letztendlich kann die Befreiung des palästinensischen Volkes nur durch einen vereinten Kampf der arabischen und jüdischen Arbeiterklasse erreicht werden, der sich gegen das zionistische Regime und gegen die verräterischen kapitalistischen Regierungen der arabischen Länder und

6 Zitiert in: Meron Benvenisti, »The Last Revisionist Zionist: History Left Yitzhak Shamir Behind«, in: *Foreign Affairs*, Jg. 74, Nr. 1, Januar/Februar 1995, S. 173.

des Iran richtet und darauf abzielt, sie durch eine Union sozialistischer Republiken im gesamten Nahen Osten, ja in der ganzen Welt zu ersetzen.

Das ist eine gigantische Aufgabe. Aber es ist die einzige Perspektive, die auf einer richtigen Einschätzung der gegenwärtigen Phase der Weltgeschichte, der Widersprüche und der Krise des Weltkapitalismus sowie der Dynamik des internationalen Klassenkampfs beruht. Die Kriege in Gaza und in der Ukraine sind tragische Beweise für die katastrophale Rolle und die Auswirkungen nationaler Programme in einer historischen Epoche, deren wesentliche und prägende Merkmale sich ergeben aus dem Primat der Weltwirtschaft, dem global integrierten Charakter der Produktivkräfte des Kapitalismus und somit der Notwendigkeit, den Kampf der Arbeiterklasse auf eine internationale Strategie zu stützen.

Diese Perspektive gilt genauso für die israelische Arbeiterklasse. In der gegenwärtigen Situation, in der die militärische Macht des zionistischen Staates eingesetzt wird, um den palästinensischen Widerstand zu zerschlagen, richtet sich die Aufmerksamkeit zu Recht auf die Verbrechen des israelischen Regimes.

Es wäre jedoch ein politischer Fehler, zu übersehen, dass die Gründung des zionistischen Staates nicht nur für die Palästinenser, sondern auch für die jüdische Bevölkerung eine Tragödie war und ist. Der Zionismus war nie eine Lösung für die historische Unterdrückung und Verfolgung des jüdischen Volkes und ist es auch heute nicht. Das zionistische Projekt beruhte von Anfang an auf einer reaktionären Ideologie und einem reaktionären Programm. Es führte den Antisemitismus auf eine falsche Quelle zurück und schrieb ihm einen bleibenden und überhistorischen Charakter zu. Daher strebte der Zionismus nie die Überwindung der wirtschaftlichen, politischen und sozialen Verhältnisse des Kapitalismus an, die die Quelle des modernen politischen Antisemitismus waren und sind, und wandte sich sogar gegen dieses Ziel.

Beginnend mit Theodor Herzl, dem Begründer des modernen Zionismus, richtete sich das Konzept eines jüdischen Staates gegen das sozialistische Programm, das im späten 19. und frühen 20. Jahrhundert unter den Massen der jüdischen Arbeiter immer mehr an Boden gewann. Der internationalen Solidarität der Arbeiterklasse als Weg zur Befreiung der Juden setzte der Zionismus ein Bündnis mit der einen oder anderen reaktionären Macht entgegen. In einem offenen Brief, der 1944 an eine

Konferenz der britischen Labour Party gerichtet war, erklärten die Trotzkisten in Palästina:

> Während seiner gesamten Geschichte hat der Zionismus immer reaktionäre Kräfte unterstützt. Dr. Herzl, der Begründer des Zionismus, schloss mit dem zaristischen Minister Plehwe (Organisator des Pogroms gegen die Juden von Kischinew) ein Geheimabkommen, das vorsah, dass die zionistische Bewegung als Druckmittel gegen die jüdischen Sozialisten eingesetzt werden sollte, wofür Plehwe im Gegenzug seinen Einfluss bei dem [türkischen] Sultan geltend machen sollte, um eine Charta für den Zionismus in Palästina zu erhalten.[7]

In den ersten vier Jahrzehnten des 20. Jahrhunderts, vor der Gründung des Staates Israel, war die Strategie der zionistischen Führer auf ein Bündnis mit dem britischen Imperialismus gerichtet. Die Erklärung von Außenminister Balfour aus dem Jahr 1917, in der er seine Unterstützung für ein jüdisches Heimatland in Palästina zusagte, wurde von den Zionisten als höchste und unumkehrbare Bestätigung für die Legitimität ihres Projekts gefeiert. Natürlich wurden die Palästinenser nicht gefragt und hatten auch kein Mitspracherecht in dieser Angelegenheit.

Den Zionisten war das gleichgültig, denn sie wussten genau, dass ihr Projekt nur in dem Maße lebensfähig war, wie die Gründung eines nichtarabischen jüdischen Staates den imperialistischen Interessen diente. Dies wurde von Wladimir Jabotinsky, dem Führer des faschistischen Flügels der zionistischen Bewegung und Mentor des späteren israelischen Premierministers Menachem Begin, mit bemerkenswerter Klarheit ausgesprochen. Jabotinsky schrieb:

> Auf die Binsenweisheit von der Bedeutung Palästinas für die britischen imperialen Interessen brauche ich hier nicht einzugehen; ich muss nur ergänzen, dass ihre Gültigkeit von einer vorrangigen Bedingung ab-

7 Group of Palestine Socialists, »Zionism – An Outpost of Imperialism: Open Letter to Labour Party Conference«, in: *Workers' International News*, Jg. 5, Nr. 7, Dezember 1944, S. 8, auf: https://www.marxists.org/history/etol/newspape/win/vol05a/no07a/zionism.htm.

> hängt, nämlich dass Palästina aufhört, ein arabisches Land zu sein. Die Mängel aller »Hochburgen« Englands im Mittelmeerraum liegen darin begründet, dass sie (mit der einzigen Ausnahme des kleinen Malta) alle von Bevölkerungen bewohnt werden, deren nationale Magnetzentren anderswo liegen und die daher organisch und unheilbar zentrifugal sind. England regiert sie gegen ihren Willen, und das ist unter den heutigen Bedingungen ein prekärer Zustand ... Sollte Palästina arabisch bleiben, würde Palästina auf den arabischen Kurs einschwenken – Sezession, Föderation der arabischen Länder und Beseitigung aller Spuren europäischen Einflusses. Aber ein überwiegend jüdisches Palästina, ein Palästina als jüdischer Staat, der von allen Seiten von arabischen Ländern umgeben ist, wird im Interesse seiner Selbsterhaltung immer versuchen, sich auf ein mächtiges, nichtarabisches und nichtmohammedanisches Reich zu stützen. Dies ist eine geradezu von der Vorsehung geschaffene Grundlage für ein dauerhaftes Bündnis zwischen England und einem jüdischen (aber nur einem jüdischen) Palästina.[8]

Das zionistische Bündnis mit dem britischen Imperialismus wurde durch das Herannahen und den Ausbruch des Zweiten Weltkriegs untergraben, der die Regierung in London zu einer politischen Kurskorrektur im Nahen Osten zwang, bei der sie die jüdische Einwanderung nach Palästina begrenzen musste. Teile der zionistischen Bewegung reagierten mit gewaltsamen Angriffen auf britische Einrichtungen. Unter anderem wurden zwei britische Soldaten gehenkt und das King-David-Hotel bombardiert. Doch das Bündnis mit dem Imperialismus blieb bestehen. Nach seiner Gründung 1948 fungierte Israel als wichtiger Verbündeter des britischen und französischen Imperialismus im Kampf gegen den wachsenden arabischen Nationalismus. 1956 beteiligte sich Israel gemeinsam mit Großbritannien und Frankreich an der Invasion Ägyptens, um das von Nasser geführte bürgerlich-nationale Regime zu stürzen und die Kontrolle über den Suezkanal wiederzuerlangen. Nachdem die Vereinigten Staaten jedoch Großbritannien und Frankreich gezwungen hatten, den Krieg zu beenden

8 Vladimir Jabotinsky, *State Zionism*, New York 1934, S. 5–6.

und ihre Truppen aus Ägypten abzuziehen, setzte Israel ganz auf enge Beziehungen zum amerikanischen Imperialismus.

Die Aufrechterhaltung eines jüdischen Apartheidstaats, der das palästinensische Volk gewaltsam unterdrückt und zugleich innenpolitisch in Richtung Faschismus geht, ist untrennbar mit der Rolle Israels als Dreh- und Angelpunkt des Imperialismus im Nahen Osten verbunden. Als massiv bewaffnete Garnison des US-Imperialismus muss es in allen von Washington angezettelten Kriegen eingesetzt werden, mit letztlich katastrophalen Folgen.

Im Dezember 1938 warnte Trotzki, dass die Ausbreitung des Faschismus und der bevorstehende Ausbruch eines zweiten imperialistischen Weltkriegs eine existenzielle Bedrohung für das jüdische Volk darstellten. »Es ist ohne Schwierigkeit möglich, sich vorzustellen«, schrieb er, »was die Juden beim bloßen Ausbruch des künftigen Weltkrieges erwartet. Aber sogar ohne Krieg wird gewiss die nächste Entwicklung der Weltreaktion die *physische Ausrottung der Juden* bedeuten.«[9]

Im Juli 1940, ein Jahr nach Beginn des Zweiten Weltkriegs, erklärte Trotzki:

> Der Versuch, die Judenfrage durch die Auswanderung von Juden nach Palästina zu lösen, kann jetzt als das gesehen werden, was er ist: eine tragische Verhöhnung des jüdischen Volkes ... Nie war es so klar wie heute, dass die Rettung des jüdischen Volkes untrennbar mit dem Sturz des kapitalistischen Systems verbunden ist.[10]

Der Zweite Weltkrieg führte zur Vernichtung von 6 Millionen Juden. Doch nach dieser Katastrophe verwirklichte sich die »tragische Verhöhnung des jüdischen Volkes«, vor der Trotzki gewarnt hatte, in der Verwandlung eines historisch unterdrückten Volkes in einen Unterdrücker. Natürlich schreckt ein großer Teil der jüdischen Bevölkerung in der ganzen Welt, auch in Israel selbst, vor einer solchen Identität zurück. Sie

9 Leo Trotzki, »Die Gefahr der Ausrottung des jüdischen Volkes«, in: Mario Keßler (Hrsg.), *Leo Trotzki oder: Sozialismus gegen Antisemitismus*, Berlin 2022, S. 156–157.

10 Leon Trotsky, »On the Jewish Problem«, auf: https://www.marxists.org/archive/trotsky/1940/xx/jewish.htm.

wollen niemanden unterdrücken. Aber politische Programme – auch das Programm des Nationalismus – haben Konsequenzen, die nicht von rein subjektiven Absichten bestimmt werden.

Die Gründung des zionistischen Staates war das direkte Ergebnis der Niederlagen, die die Arbeiterklasse in den 1920er und 1930er Jahren aufgrund des Verrats des Stalinismus und der Sozialdemokratie erlitten hatte. Ohne die Masse der Vertriebenen, der Überlebenden der nationalsozialistischen Konzentrationslager, und ohne die politische Demoralisierung und den Verlust des Vertrauens in die Perspektive des Sozialismus hätten die zionistischen Führer nicht über die nötige Zahl von Menschen verfügt, um einen terroristischen Krieg gegen das palästinensische Volk zu führen, es aus seinen Häusern und Dörfern zu vertreiben und mit im Wesentlichen kriminellen Methoden einen jüdischen Nationalstaat zu errichten.

Doch nun, 75 Jahre später, bestätigt sich Trotzkis weitsichtige Einschätzung des Zionismus als »tragische Verhöhnung«. Der Kern dieser Tragödie besteht darin, dass der Nationalstaat zu einem historischen Zeitpunkt als Lösung angesehen wurde, zu dem diese Form der politischen Organisation bereits zum Haupthindernis für den gesellschaftlichen Fortschritt geworden war.

In einem Essay mit dem Titel »Der nichtjüdische Jude« schrieb Isaac Deutscher, der Biograf Trotzkis, über die Gründung Israels: »Auf diese paradoxe Weise vollendet sich die jüdische Tragödie.« Er erklärte:

> Paradox, weil wir in einer Zeit leben, die den Nationalstaat immer mehr zum Anachronismus macht, zu einer überholten Erscheinung – nicht nur den israelischen Nationalstaat, sondern auch Nationalstaaten wie Russland, die Vereinigten Staaten, England, Frankreich, Deutschland und andere. Sie alle sind Anachronismen.[11]

Die historische Periode, in der Nationalstaaten ein fortschrittlicher Faktor in der sozialen, wirtschaftlichen und kulturellen Entwicklung der Menschheit waren, war zu Ende gegangen. Dies gilt nicht nur für die alten,

11 Isaac Deutscher, *Der nichtjüdische Jude*, Berlin 1988, S. 72–73.

etablierten Nationalstaaten, sondern auch für die neuen Staaten, die auf der Grundlage der antikolonialen Kämpfe der Nachkriegszeit entstanden sind.

Deutscher schrieb:

> Selbst jene jungen Nationalstaaten, die aus dem notwendigen und fortschrittlichen Emanzipationskampf der kolonialen und halbkolonialen Völker hervorgegangen sind – Indien, Burma, Ghana, Algerien und andere –, können ihren fortschrittlichen Charakter nur begrenzte Zeit erhalten. Sie stellen in der Geschichte mancher Völker eine notwendige Stufe dar, aber eine Stufe, die auch diese Völker werden überwinden müssen, um für ihre weitere Existenz einen größeren Rahmen zu entwickeln. In unserer Epoche ist jeder Nationalstaat bald nach seiner Entstehung dem Niedergang dieser politischen Organisationsform ausgesetzt. Davon zeugt bereits die kurze Geschichte Indiens, Ghanas und Israels. Die Welt hat die Juden genau in der Zeit gezwungen, einen Nationalstaat anzustreben und Stolz und Hoffnung auf ihn zu setzen, gerade zu einer Zeit, da ein Nationalstaat wenig oder keine Hoffnung mehr geben kann. Dafür kann man nicht die Juden verantwortlich machen, man muss vielmehr die Welt dafür verantwortlich machen. Aber die Juden sollten sich wenigstens über dieses Paradoxon im klaren sein und sich bewusst machen, dass ihre heftige Begeisterung für »nationale Souveränität« historisch überholt ist. Die Vorzüge des Nationalstaats haben ihnen in den Jahrhunderten nichts gebracht, als dieser noch ein Mittel des Fortschritts für die Menschheit und ein bedeutender revolutionärer und einigender Faktor im historischen Prozess war. Sie haben erst dann von ihm Besitz ergriffen, als er schon ein Faktor der Uneinigkeit und der sozialen Desintegration geworden war.[12]

Unter Hinweis auf das Beispiel von Spinoza, Marx, Heine, Trotzki und Luxemburg schließt Deutscher seinen Aufsatz mit der Hoffnung,

12 Ebd., S. 73.

> dass sich die Juden, zusammen mit anderen Nationen, schließlich doch bewusst werden – oder das Bewusstsein zurückgewinnen –, wie unangemessen der Nationalstaat ist, und dass sie den Weg zu dem politischen und moralischen Vermächtnis zurückfinden, das uns die größten jüdischen Denker hinterlassen haben, die über ihr Judentum hinausgelangt sind – die Botschaft der universellen menschlichen Emanzipation.[13]

Dies bringt uns zurück zur Bedeutung des hundertjährigen Bestehens des Trotzkismus im Zusammenhang mit der gegenwärtigen Weltkrise. Die spezifischen Probleme, die zur Bildung der Linken Opposition führten und am 15. Oktober 1923 in der »Erklärung der 46« gegenüber dem Politbüro des Zentralkomitees der Kommunistischen Partei Russlands dargelegt wurden, drehten sich um die immer tiefere Wirtschaftskrise der Sowjetunion und um die Schwächung der innerparteilichen Demokratie infolge des wachsenden Gewichts der Bürokratie sowohl im Sowjetstaat als auch in der Kommunistischen Partei.

Die in dieser Erklärung aufgeworfenen Fragen waren von immenser Bedeutung. Doch wie im Laufe der folgenden Wochen, Monate und Jahre immer klarer wurde, lag die eigentliche Ursache des politischen Konflikts in zwei unversöhnlich entgegengesetzten Auffassungen von der Bedeutung der Oktoberrevolution 1917 und vom Charakter der historischen Epoche.

Der Sturz der bürgerlichen Provisorischen Regierung und die Errichtung des ersten Arbeiterstaats hatten auf dem Programm der internationalen sozialistischen Revolution beruht. Grundlage für die Entscheidung, die Macht zu ergreifen, war nicht allein die Einschätzung der russischen Verhältnisse, sondern die Krise des kapitalistischen Weltsystems, die sich im Ausbruch des Ersten Weltkriegs 1914 gezeigt hatte. Die wesentliche Ursache für den Kriegsausbruch, dem nach drei Jahren in Russland die Revolution folgte, war der Widerspruch zwischen der Weltwirtschaft und dem bürgerlichen Nationalstaatensystem.

Die kapitalistisch-imperialistische Lösung dieses Widerspruchs bestand in Eroberungskriegen, der Aneignung von Territorien und der Neuauf-

13 Ebd., S. 74.

teilung von Kolonien – also der Neuaufteilung der Welt. Die sozialistische Lösung war die Eroberung der Macht durch die Arbeiterklasse, die Abschaffung des Kapitalismus und die Auflösung des Nationalstaatensystems. Diese »Lösung« war keine Utopie. Die sozialistische Weltrevolution entsprang denselben globalen Widersprüchen, die auch zum Weltkrieg geführt hatten. Auf dieser Einschätzung der Weltlage beruhte die Strategie, die Lenin 1917 verfolgte – unter dem Einfluss der Theorie der permanenten Revolution, die Leo Trotzki im vorangegangenen Jahrzehnt entwickelt hatte. Der entscheidende Faktor für die bolschewistische Strategie war nicht, ob Russland als nationales Gebilde für den Sozialismus reif war, d. h. ob sein wirtschaftlicher Entwicklungsstand für einen Übergang zum Sozialismus ausreichte. In der Tat war Russland als das wirtschaftlich rückständigste der großen kapitalistischen Länder jener Zeit nicht »reif« für den Sozialismus. Aber die Probleme der wirtschaftlichen und politischen Entwicklung, mit denen Russland vor dem Hintergrund der Weltkrise konfrontiert war, konnten nur durch den Sturz der Kapitalistenklasse, den Übergang der Macht auf die Arbeiterklasse und die beginnende Neuorganisation des Wirtschaftslebens auf der Grundlage sozialistischer Eigentumsverhältnisse gelöst werden.

Mit einer rein nationalen Strategie allerdings war der Übergang des sowjetischen Staates zum Sozialismus nicht möglich. Das Schicksal des Arbeiterstaats, der im Oktober 1917 auf der Grundlage einer proletarischen Revolution unter Führung einer marxistischen Partei errichtet worden war, hing davon ab, dass die Revolution über die Grenzen Russlands hinaus auf die fortgeschrittenen kapitalistischen Zentren Westeuropas und Nordamerikas ausgedehnt wurde.

Dies war die vorherrschende Auffassung, solange Lenin an der Spitze der Bolschewistischen Partei stand. Sie fand ihren höchsten Ausdruck in der Gründung der Kommunistischen Internationale im Jahr 1919. In den ersten vier Jahren ihres Bestehens kamen auf ihren Kongressen Revolutionäre aus der ganzen Welt zusammen, um nationale Sektionen aufzubauen, die in der Lage sein sollten, die Macht zu erobern und die Weltrevolution voranzutreiben. Doch die Verschlechterung von Lenins Gesundheitszustand im Jahr 1922, sein vollständiger Rückzug aus der Politik infolge eines Schlaganfalls im März 1923 und sein Tod im Januar 1924 fielen mit dem Wiederaufleben nationalistischer Tendenzen innerhalb der bolschewistischen Führung zusammen und begünstigten diese Tendenzen.

Die Probleme der wirtschaftlichen Entwicklung in der UdSSR wurden zunehmend aus nationaler und nicht mehr aus internationaler Sicht interpretiert. Diese Tendenz stand in engem Zusammenhang mit dem wachsenden Gewicht und Einfluss der Partei- und Staatsbürokratie. Der Aufstieg Josef Stalins zur Macht war Ausdruck dieses Prozesses. Die Anfangsphase des Fraktionskampfs war vom Ärger der Bürokratie über die Kritik Trotzkis und der Linken Opposition am Parteiregime beherrscht. Doch im weiteren Verlauf traten 1924 die grundlegenden programmatischen Unterschiede zutage. Der Angriff der Bürokratie auf Trotzki konzentrierte sich auf die Theorie der permanenten Revolution, d. h. darauf, dass er den wesentlichen Zusammenhang zwischen dem Schicksal der Sowjetunion und dem Sieg der Weltrevolution hervorhob.

Während des gesamten Jahres 1924 versuchten Trotzkis Gegner in der bolschewistischen Führung – angeführt von einer prinzipienlosen Fraktion aus Grigori Sinowjew, Lew Kamenew und Stalin – Trotzki zu diskreditieren, indem sie behaupteten, seine Theorie der permanenten Revolution sei antileninistisch und drücke einen Mangel an Vertrauen in die Treue der russischen Bauernschaft zum Sozialismus aus. Der zunehmend erbitterte Kampf erreichte am 17. Dezember 1924 einen kritischen Punkt: Erstmals trug Stalin die Theorie des »Sozialismus in einem Land« vor und erklärte damit – im Gegensatz zur permanenten Revolution – ausdrücklich, dass es möglich sei, auf Grundlage der russischen Ressourcen zum Sozialismus zu gelangen, ohne die sozialistische Revolution auf die fortgeschrittenen Zentren des Weltkapitalismus auszudehnen.

Stalin legitimierte in diesem Artikel ein nationalistisches Programm, mit dem die Verbindung zwischen der Russischen Revolution und der sozialistischen Weltrevolution gekappt wurde. Dies hatte im weiteren Verlauf nicht nur tiefgreifende Auswirkungen auf die Innenpolitik des stalinistischen Regimes. Es veränderte auch von Grund auf den Charakter der Kommunistischen Internationale, die sich von einem Instrument zur Ausbreitung der sozialistischen Weltrevolution in eine Hilfsagentur der sowjetischen Außenpolitik verwandelte und die revolutionäre Strategie den pragmatischen Interessen der Sowjetunion als Nationalstaat unterordnete. Zunächst hatte die nationalistische Politik des Sowjetregimes eine

Desorientierung der Sektionen der Kommunistischen Internationale zur Folge, die zu großen Niederlagen der Arbeiterklasse in Großbritannien, China und Deutschland führte.

Mitte der 1930er Jahre, nach dem Sieg der Nazis und der vollständigen Zerschlagung der deutschen Arbeiterklasse, nahm die Politik der stalinistischen Kommunistischen Internationale einen bewusst konterrevolutionären Charakter an. Die Vernichtung der Sozialisten in der Sowjetunion während des Terrors, der mit den Moskauer Prozessen 1936 begann, ging einher mit dem stalinistischen Verrat an der Spanischen Revolution, der den Weg für den Ausbruch des Zweiten Weltkriegs ebnete.

Der Kampf der Linken Opposition war in erster Linie eine Verteidigung des sozialistischen Internationalismus und der Strategie der sozialistischen Weltrevolution. 1930, nachdem er aus der Russischen Kommunistischen Partei und der Kommunistischen Internationale ausgeschlossen und aus der Sowjetunion verbannt worden war, bekräftigte Trotzki die wesentlichen Postulate der Theorie der permanenten Revolution. Er schrieb:

> Der Abschluss einer sozialistischen Revolution ist im nationalen Rahmen undenkbar. Eine grundlegende Ursache für die Krisis der bürgerlichen Gesellschaft besteht darin, dass die von dieser Gesellschaft geschaffenen Produktivkräfte sich mit dem Rahmen des nationalen Staates nicht vertragen. Daraus ergeben sich einerseits die imperialistischen Kriege, andererseits die Utopie der bürgerlichen Vereinigten Staaten von Europa. Die sozialistische Revolution beginnt auf nationalem Boden, entwickelt sich international und wird vollendet in der Weltarena. Folglich wird die sozialistische Revolution in einem neuen, breiteren Sinne des Wortes zu einer permanenten Revolution: Sie findet ihren Abschluss nicht vor dem endgültigen Siege der neuen Gesellschaft auf unserem ganzen Planeten.[14]

Die Logik des Kampfs innerhalb der Russischen Kommunistischen Partei, der sich auf die grundlegenden Fragen der revolutionären Weltstrategie konzentrierte, führte die Arbeit der Linken Opposition über die Grenzen

14 Leo Trotzki, *Die permanente Revolution*, Essen 2021, S. 264–265.

der Sowjetunion hinaus. 1928, während des Sechsten Kongresses der stalinisierten Kommunistischen Internationale, fiel die Kritik an deren Programmentwurf, die Trotzki in seinem vorübergehenden Exil in Alma-Ata in Zentralasien verfasst hatte, dem amerikanischen Revolutionär James P. Cannon und dem kanadischen Revolutionär Maurice Spector in die Hände. Sie schmuggelten das Dokument aus der Sowjetunion hinaus, und der Kampf, den sie für Trotzkis internationalistisches Programm aufnahmen, war der Beginn der Internationalen Linken Opposition.

Fünf Jahre später, im Juli 1933, rief Trotzki als Reaktion auf den stalinistischen Verrat an der deutschen Arbeiterklasse und den Sieg Hitlers zur Gründung der Vierten Internationale auf. Im September 1938 fand der Gründungskongress statt.

Wir begehen jetzt das hundertjährige Bestehen der trotzkistischen Bewegung. Das Fortbestehen dieser Bewegung über einen so langen Zeitraum ist von großer objektiver Bedeutung. Es kann nicht mit der persönlichen Hingabe von Individuen erklärt werden. Die Gründer dieser Bewegung sind längst verstorben. Diese Bewegung hat auf internationaler Ebene gearbeitet, meist unter schwierigsten Bedingungen. Sie war in der Arbeiterbewegung eine Minderheit, eine kleine Minderheit, wenn sie überhaupt präsent war. Warum hat sie bis heute Bestand?

Als ich mich im Herbst 1970 der trotzkistischen Bewegung anschloss, in einer Zeit starker studentischer Radikalisierung und Massenbewegungen in der ganzen Welt, wurde die radikale Politik noch von den Stalinisten, den Maoisten und den Castroisten dominiert. Die kommunistischen Parteien waren Massenbewegungen. Leute wie Allende waren die Helden des Tages. Aber welches Erbe haben sie hinterlassen? Sie alle sind völlig von der Bildfläche verschwunden. Trotzki sagte über die stalinistischen und revisionistischen Bewegungen seiner Zeit, dass große Ereignisse »von diesen überlebten Organisationen keinen Stein über dem anderen lassen«[15] würden. Warum?

Weil ihr Programm nicht der objektiven Beschaffenheit der Epoche entsprach. Sie versuchten, eine falsche Politik durchzusetzen, eine weit-

15 Leon Trotsky, »The founding of the Fourth International«, in: *Writings of Leon Trotsky 1938–39*, New York 1974, S. 86.

gehend nationalistische Politik, eine reformistische Politik, die den Anforderungen der objektiven Krise nicht gerecht werden konnte.

Der Fortbestand der trotzkistischen Bewegung kann nur dadurch erklärt werden, dass ihre Analyse dem Wesen der Epoche entsprach – einer Epoche, die noch nicht überwunden ist. Wir befinden uns in der gleichen historischen Epoche, in der Trotzki gelebt hat, wenn auch in ihrem sehr fortgeschrittenen und letzten Stadium. Es ist die Epoche der Krise und des Verfalls des Imperialismus. Die Russische Revolution und der ihr vorangegangene Weltkrieg ergaben sich aus der Entstehung der imperialistischen Epoche. Wir sind noch nicht über diese Epoche hinaus. Zwischen der heutigen Situation und derjenigen, die zum Ersten und Zweiten Weltkrieg führte, gibt es erstaunliche Parallelen.

Wir sprechen die gleiche Sprache, und das ist enorm wichtig, um zu verstehen, wie wir an die heutigen Probleme herangehen müssen.

Die Wirtschaftskrisen, die sich aus dem Widerspruch zwischen dem gesellschaftlichen Produktionsprozess und dem kapitalistischen Privateigentum an den Produktionsmitteln ergeben, die geopolitischen Konflikte, die sich aus der Unvereinbarkeit einer hochintegrierten Weltwirtschaft mit dem archaischen System der Nationalstaaten ergeben, die destruktiven Folgen der Unterordnung aller Probleme der modernen Massengesellschaft unter die Anhäufung von privatem Reichtum und die eskalierenden sozialen Spannungen, die durch die Ausbeutung der Arbeiter durch die Kapitalistenklasse und die gnadenlose Konzentration von schwindelerregendem Reichtum bei gleichzeitigem Hunger der Massen hervorgerufen werden – dies sind die Bedingungen, die eine sozialistische Weltrevolution auf die Tagesordnung setzen.

Und tatsächlich werden wir überall auf der Welt Zeuge einer ansteigenden Welle von Kämpfen der Arbeiterklasse. Sie wird Dimensionen annehmen, wie es sie in der Weltgeschichte noch nie gegeben hat. Die Ereignisse der letzten Wochen haben gezeigt, wie schnell sich das gesellschaftliche Bewusstsein verändert, wie schnell sich Menschen durch Ereignisse radikalisieren, die sie nicht vorhergesehen haben.

Eines der Elemente der letzten 40 Jahre, insbesondere nach der Auflösung der Sowjetunion 1991, war eine gewisse Apathie, Verdruss, ein Gefühl der Hoffnungslosigkeit, ein Rückzug auf das Individuelle und Private, die Konzentration auf Fragen der persönlichen Identität, des Lebensstils, ein unmäßiger Zeitaufwand für Fitnessstudios, die Verbesserung der eigenen Figur, die Kontrolle des Körpergewichts, die Überwachung jedes Aspekts nebensächlicher Privataktivitäten, während man die großen Ereignisse, die sich um einen herum abspielten, nicht beachtete. Doch plötzlich, und das sehen wir an den Massendemonstrationen überall auf der Welt, beginnt sich dieser Zustand zu ändern.

Trotzki schrieb einmal, dass in Zeiten der Reaktion die Dummheit die Zähne fletscht. Aber dann ändert sich das Leben, Ereignisse brechen herein, und nach einem langen Zeitraum und nach vielen Erfahrungen stellt sich die Erkenntnis ein, dass die Welt eine andere geworden ist. Keiner glaubt den Medien und ihrer Propaganda. Der Bankrott aller politischen Parteien wird offensichtlich. Der Präsident sieht aus wie ein tattriger, seniler Dummkopf. Die Republikanische Partei: eine Bande von Gangstern. Niemand von ihnen hat etwas zu sagen, und die kleinbürgerlichen Radikalen, die Bewohner der Postmoderne, die mit der einen oder anderen Frage der persönlichen Identität beschäftigt sind, unaufhörlich grollen, sich beschweren und sich über den einen oder anderen persönlichen Fauxpas ereifern, versinken im Licht der Ereignisse in der Bedeutungslosigkeit.

Was die Welt heute beschäftigt, ist die Gefahr eines weltweiten Kriegs, der Völkermord an Unschuldigen, die Armut, die Zerstörung der Umwelt, eine massive Pandemie, die Millionen tötet und auf die keine Regierung eine Antwort hat – nicht einmal eine so einfache wie die Aufforderung, lieber Masken zu tragen, als krank zu werden –, weil dies auf die eine oder andere Weise der Anhäufung von privatem Reichtum und Profit im Wege steht. Was aber die Lage auf der Welt wirklich in Bewegung bringt und verändert, ist das plötzliche Wiederaufleben der grundlegendsten und stärksten aller gesellschaftlichen Kräfte: der Arbeiterklasse als internationale Kraft.

Die meiste Zeit eures jungen Lebens habt ihr wenig über Streiks und Aktivitäten der Arbeiterklasse gehört. Eine der Prämissen der Postmoderne besagt, dass die alten Narrative von Klassenkampf und Sozialismus jede Bedeutung verloren hätten. Aber heute gibt es überall Streiks, die breite Teile der Arbeiterklasse erfassen, und es wird deutlich, dass der Klassenkampf die Triebkraft der gesellschaftlichen Entwicklung ist. Das heißt aber nicht, dass die Probleme der Arbeiter leicht zu lösen sind. Sie treten in den Kampf mit einer schlechten Führung, mit Organisationen, die sie verraten, und mit wenig Verständnis für die Geschichte des Klassenkampfs, nicht nur in ihrem eigenen Land, sondern auf internationaler Ebene.

Und hierin liegt die enorme Bedeutung der Vierten Internationale. Unsere Partei ist der konzentrierte Ausdruck der gesamten historischen Erfahrung der Arbeiterklasse über eine ganze Epoche hinweg. Wir werden oft gefragt, wie die »World Socialist Web Site«, die seit 25 Jahren ohne Unterbrechung täglich erscheint, es schafft, die Ereignisse mit solcher Präzision und Weitsicht einzuschätzen. Wir haben den Vorteil, dass wir auf eine enorme historische Erfahrung zurückgreifen können, dass wir die Gegenwart mit den Erfahrungen der Vergangenheit in Beziehung setzen können, dass wir die Gegenwart nicht einfach als eine Wiederholung der Vergangenheit auffassen, sondern dass wir über eine Orientierung verfügen, die es uns ermöglicht, uns auf die grundlegenden und wesentlichen Triebkräfte der politischen Entwicklung zu konzentrieren.

Wie ich bereits sagte, erleben wir jetzt eine große politische Radikalisierung. Unsere Aufgabe ist es, in diese Bewegung eine Perspektive und ein Programm hineinzubringen, das sie in die Lage versetzt, ihre wesentlichen Aufgaben zu verstehen. Die Arbeiterklasse und die Jugendlichen, die den Weg des Kampfs einschlagen, müssen sich die Erfahrungen des letzten Jahrhunderts aneignen, die Geschichte der trotzkistischen Bewegung studieren – und sie müssen dies im Kampf tun. Deshalb rufe ich euch alle auf, aus dem, was jetzt geschieht, die Konsequenzen zu ziehen und euch aktiv am Kampf für den Sozialismus zu beteiligen. Bereitet euch vor, indem ihr der Socialist Equality Party beitretet.

James P. Cannon

Völkermord in Gaza

Der Imperialismus stürzt in den Abgrund

Der »Offene Brief« und die Ursprünge des Internationalen Komitees

Vor 70 Jahren, am 16. November 1953, wurde in der Zeitung »The Militant« der Socialist Workers Party (SWP) – der damaligen trotzkistischen Organisation in den USA – ein »Brief an die Trotzkisten in aller Welt« veröffentlicht. Verfasser des im Namen des Nationalen Komitees der Partei herausgegebenen Dokuments war James P. Cannon, der 63-jährige nationale Vorsitzende der SWP.

Die Socialist Workers Party war aufgrund antikommunistischer Gesetze in den Vereinigten Staaten nicht formell mit der Vierten Internationale verbunden. Ungeachtet dieser technischen Einschränkung beruhte Cannons politische Autorität auf der entscheidenden Rolle, die er bei der Gründung der Internationalen Linken Opposition im Jahr 1928 gespielt hatte, auf seiner anschließenden engen Zusammenarbeit mit Trotzki im Kampf für die Vierte Internationale und bei der Vorbereitung ihres Gründungskongresses im September 1938, auf seiner zentralen Rolle in dem von Trotzki geführten Kampf gegen die kleinbürgerlich-revisionistische Tendenz von Max Shachtman, James Burnham und Martin Abern in den Jahren 1939–1940 und, nach Trotzkis Ermordung im August 1940, seiner unnachgiebigen Verteidigung des programmatischen Erbes der Vierten Internationale im reaktionären Umfeld des Zweiten Weltkriegs und in den ersten Jahren des Kalten Krieges.

Doch 1953 sah sich Cannon mit einer starken revisionistischen Tendenz im Internationalen Sekretariat der Vierten Internationale konfrontiert, die von Michel Pablo und Ernest Mandel vertreten wurde und die Abkehr von den wesentlichen programmatischen Grundlagen der trotzkistischen

Rede am Birkbeck College der University of London am 18. November 2023.

Bewegung betrieb. Die zentralen Elemente von Pablos Revisionismus bestanden darin, dass Trotzkis Beharren auf dem konterrevolutionären Charakter des Stalinismus zurückgewiesen und die Perspektive, die Vierte Internationale als Weltpartei der sozialistischen Revolution aufzubauen, abgelehnt wurde. Pablo und sein Gefolgsmann Mandel befürworteten die Auflösung der Sektionen der Vierten Internationale in den stalinistischen Massenparteien oder, je nach Kräfteverhältnis in einem Land, in den sozialdemokratischen, bürgerlich-nationalistischen und kleinbürgerlich-radikalen Bewegungen.

In den Vereinigten Staaten trieben die Anhänger von Pablo dieses Liquidationsprogramm unter dem Banner »Junk the Old Trotskyism« (»Werft den alten Trotzkismus auf den Müll«) voran. Sie verspotteten Cannon und die altgediente Führung der SWP als »Museumsstücke«, deren Verteidigung des »orthodoxen Trotzkismus« politisch irrelevant sei. Pablo entfesselte dabei nicht einfach einen Krieg der Worte. Er nutzte seine Position im Internationalen Sekretariat, um antitrotzkistische Fraktionen in der Vierten Internationale zu organisieren und Einzelpersonen und sogar ganze Sektionen auszuschließen, die sich seinem Bestreben widersetzten, die Vierte Internationale als unabhängige revolutionäre Bewegung zu liquidieren.

Die politische Konzeption, die Pablos Krieg gegen die Vierte Internationale zugrunde lag, war seine Auffassung, dass der Stalinismus im Gegensatz zu Trotzkis Analyse weiterhin eine mächtige revolutionäre Kraft war. Unter dem Druck der Massen und unter den Bedingungen eines globalen Atomkriegs würden die Stalinisten gezwungen sein, die Macht zu übernehmen. Das Ergebnis dieses Prozesses wäre die Schaffung »deformierter Arbeiterstaaten«, die sich im Laufe eines Zeitraums von mehreren Jahrhunderten auf unerfindliche Weise zu sozialistischen Gesellschaften entwickeln würden.

Dass diese bizarre Perspektive eine beträchtliche Anhängerschaft fand, zeugte nicht nur von der politischen Orientierungslosigkeit, die sich innerhalb der Vierten Internationale nach dem Zweiten Weltkrieg entwickelte, sondern auch vom wachsenden Einfluss eines zunehmend wohlhabenden und politisch selbstbewussten Kleinbürgertums, das sich in linksradikaler Politik betätigte.

Die Grundprinzipien des IKVI

Die Veröffentlichung des später als »Offener Brief« bekannt gewordenen Aufrufs durch Cannon war eine entscheidende politische Initiative zur Verteidigung der Vierten Internationale. Ausgehend von seiner immensen politischen Erfahrung fasste Cannon die Grundprinzipien der trotzkistischen Bewegung prägnant zusammen. Er schrieb:

1. Der Todeskampf des kapitalistischen Systems droht, die Zivilisation durch immer schlimmere Depressionen, Weltkriege und barbarische Erscheinungen wie den Faschismus zu zerstören. Die Entwicklung von Atomwaffen unterstreicht heute diese Gefahr auf das Ernsteste und Nachdrücklichste.
2. Der Sturz in den Abgrund kann nur verhindert werden, indem der Kapitalismus weltweit durch eine sozialistische Planwirtschaft ersetzt und so die Spirale des Fortschritts, die der Kapitalismus in seiner Frühzeit in Gang gesetzt hat, wieder aufgenommen wird.
3. Dies kann nur unter der Führung der Arbeiterklasse geschehen, da sie die einzige wahrhaft revolutionäre Klasse in der Gesellschaft ist. Doch die Arbeiterklasse selbst ist mit einer Krise der Führung konfrontiert, obwohl die gesellschaftlichen Kräfteverhältnisse auf Weltebene noch nie so günstig wie heute dafür waren, dass die Arbeiter den Weg der Machteroberung beschreiten können.
4. Um sich für die Durchsetzung dieses welthistorischen Zieles zu organisieren, muss die Arbeiterklasse in jedem Land eine revolutionäre Partei nach dem Muster, wie es Lenin entwickelt hat, aufbauen; d. h. eine Kampfpartei, die in der Lage ist, Demokratie und Zentralismus dialektisch zu vereinen – Demokratie in der Entscheidungsfindung, Zentralismus bei der Durchführung dieser Beschlüsse –, mit einer Führung, die von den einfachen Mitgliedern kontrolliert wird, Mitgliedern, die fähig sind, diszipliniert vorzugehen, auch wenn sie unter Feuer stehen.
5. Das Haupthindernis hierfür ist der Stalinismus, der dadurch, dass er das Ansehen der Oktoberrevolution von 1917 in Russland ausnutzt, Arbeiter anzieht, nur um dann später ihr Vertrauen zu missbrauchen und sie entweder in die Arme der Sozialdemokratie, in Apathie oder

zurück zu Illusionen über den Kapitalismus zu treiben. Den Preis für diese Verrätereien hat dann das arbeitende Volk zu zahlen, in Form einer Stärkung faschistischer oder monarchistischer Kräfte und durch neue Kriege, die der Kapitalismus hervorbringt und vorbereitet. Seit ihrer Gründung stellte sich die Vierte Internationale als eine ihrer Hauptaufgaben den Sturz des Stalinismus innerhalb und außerhalb der UdSSR.

6. Viele Sektionen der Vierten Internationale, wie auch Parteien und Gruppen, die mit ihrem Programm sympathisieren, stehen vor der Notwendigkeit einer flexiblen Taktik. Es ist daher umso dringender, dass sie wissen, wie man den Imperialismus und alle seine kleinbürgerlichen Agenturen (wie z. B. nationalistische Organisationen und Gewerkschaftsbürokratien) bekämpft, ohne vor dem Stalinismus zu kapitulieren; dass sie umgekehrt wissen, wie man gegen den Stalinismus kämpft (der letzten Endes eine kleinbürgerliche Agentur des Imperialismus ist), ohne vor dem Imperialismus zu kapitulieren. Diese grundlegenden Prinzipien, die Leo Trotzki aufgestellt hat, behalten auch in der heutigen, immer komplizierteren und sich verändernden politischen Weltlage ihre volle Gültigkeit. Tatsächlich haben die revolutionären Situationen, die sich, wie Trotzki vorhersah, überall eröffnen, erst jetzt vollen konkreten Inhalt all dem verliehen, was früher als eine Reihe von etwas entrückten, in keinem Zusammenhang mit der damaligen lebendigen Wirklichkeit stehenden Abstraktionen erschienen sein mag. In Wahrheit gewinnen diese Prinzipien zunehmend an Gültigkeit und Stärke, sowohl in der politischen Analyse als auch bei der Bestimmung des Kurses für das praktische Handeln.[1]

70 Jahre nach seiner Veröffentlichung hat der »Offene Brief« als Zusammenfassung der gegenwärtigen politischen Situation und der Aufgaben der Vierten Internationale unter Führung des Internationalen Komitees nichts von seiner Aktualität eingebüßt. Cannons Warnung vor dem Einsatz von Atomwaffen und der Gefahr faschistischer Barbarei ist heute noch aktueller als 1953.

1 James P. Cannon, »Offener Brief«, zitiert in: David North, *Das Erbe, das wir verteidigen*, Essen 2019, S. 315–316.

Die größte Veränderung besteht darin, dass die Sowjetunion nicht mehr existiert und die stalinistischen Massenparteien hinweggefegt wurden. In dem Maße, wie die reaktionäre stalinistische Politik von Klassenzusammenarbeit, Nationalismus und Antisozialismus in neuem politischem Gewand fortbesteht, ist sie als Hindernis für die revolutionäre Bewegung der Arbeiterklasse natürlich nicht verschwunden.

Die Arbeiterklasse ist nach wie vor mit dem systematischen und organisierten Verrat der Gewerkschaftsbürokratien und der reaktionären Organisationen konfrontiert, die sich immer noch als »Labour-Parteien«, als »Sozialdemokraten« und »Grüne« bezeichnen. Das Gleiche gilt für die unzähligen pseudolinken, bürgerlichen und kleinbürgerlichen nationalistischen Parteien und Organisationen, von denen viele ihren Ursprung in der pablistischen Zurückweisung des Programms der Vierten Internationale haben. Die Krise der revolutionären Führung muss nach wie vor gelöst werden.

Doch von der falschen und politisch desorientierenden Identifikation des Stalinismus mit dem Erbe und Programm der Oktoberrevolution ist absolut nichts übrig geblieben. Der Kollaps der stalinistischen Massenorganisationen hat den Kampf bestätigt, den Trotzki vor 100 Jahren mit der Gründung der Linken Opposition einleitete, und die politische Perspektive der Weltrevolution des Internationalen Komitees der Vierten Internationale bestätigt. Dies sind politische Tatsachen von immenser Bedeutung in der gegenwärtigen internationalen Krise des kapitalistischen Weltsystems.

Sturz in den Abgrund: Der Völkermord in Gaza

Wir versammeln uns heute inmitten des eskalierenden Völkermords in Gaza. Hier ist eingetreten, was im »Offenen Brief« warnend als »Sturz in den Abgrund« bezeichnet wurde. Der Kapitalismus ist, wie Marx schrieb, »von Kopf bis Zeh, aus allen Poren, blut- und schmutztriefend« geschichtlich ins Leben getreten.[2] Und so wird er auch enden.

2 Karl Marx, »Das Kapital«, in: *Marx-Engels-Werke (MEW)*, Bd. 23, Berlin 1969, S. 788.

Milliarden Menschen auf der ganzen Welt sind entsetzt über die täglichen Bilder der Gräueltaten, die das israelische Regime mit der vollen Unterstützung aller imperialistischen Mächte begeht. All die heuchlerischen Beschwörungen der »Menschenrechte«, mit denen die Vereinigten Staaten und ihre NATO-Verbündeten ihre Kriege rechtfertigen – meist als »humanitäre Interventionen« bezeichnet –, sind völlig entlarvt und diskreditiert worden.

Jeder einzelne imperialistische Führer – Biden in den Vereinigten Staaten, Trudeau in Kanada, Sunak in Großbritannien, Macron in Frankreich, Scholz in Deutschland, Meloni in Italien – ist als Komplize Netanjahus vollständig am Massenmord beteiligt. Wenn es zu Kriegsverbrecherprozessen käme, könnten sie sich nicht darauf berufen, dass sie von den Gräueltaten des israelisch-zionistischen Regimes nichts gewusst hätten, wie es einige der Nazi-Rädelsführer in Nürnberg absurderweise versuchten. Sie wissen nicht nur von diesen Verbrechen, sie haben sie auch gerechtfertigt und sogar begrüßt.

Bis zum 16. November 2023 wurde der Tod von 11 500 Menschen im Gazastreifen bestätigt, darunter mindestens 4710 Kinder. Die Rate, mit der palästinensische Kinder getötet werden, ist um ein Vielfaches höher als in jedem anderen Konflikt des 21. Jahrhunderts. Darüber hinaus wurden mehr als 29 800 Palästinenser verletzt. Aufgrund mangelnder Kommunikationsmöglichkeiten hat das Gesundheitsministerium im Gazastreifen aufgehört, die Zahl der Toten und Verletzten zu zählen. Seit dem 7. Oktober wurden bei israelischen Angriffen täglich durchschnittlich 320 Menschen im Gazastreifen ermordet. Wenn diese Rate bis heute anhält, wird die Zahl der Toten wahrscheinlich über 13 000 liegen. Mehr als die Hälfte davon sind Frauen und Kinder. Durch die Bombardierung des Gazastreifens wurden 40 Prozent der Häuser im nördlichen Gazastreifen zerstört oder beschädigt und die Systeme für die Gesundheitsversorgung, die Lebensmittelverteilung und die Wasseraufbereitung zerstört, was nach internationalem Recht eindeutig als Kriegsverbrechen gilt. Und während sich die Gewalt der israelischen Militärmaschinerie vor allem gegen die Menschen im Gazastreifen richtet, haben die Armee und die faschistischen Siedler auch im Westjordanland etwa 175 Palästinenser ermordet.

Der Charakter des israelischen Angriffs als Völkermord steht außer Frage. Er wird auch von ausdrücklichen Statements der israelischen

Führung bestätigt. Der Minister für nationale Sicherheit Itamar Ben-Gvir hat erklärt, dass jeder, der die Hamas unterstützt, »eliminiert« werden sollte. Amihai Eliyahu, ein Koalitionspartner Netanjahus und Minister für das israelische Kulturerbe, sagte, dass der Abwurf einer Atombombe auf den Gazastreifen eine Option sein sollte. Galit Distel-Atbaryan, bis vor Kurzem Israels Informationsministerin, forderte die Auslöschung »des gesamten Gazastreifens vom Angesicht der Erde« und die Vertreibung der Bevölkerung nach Ägypten.

Ende Oktober erklärte Craig Mokhiber, als er von seinem Posten als Direktor des New Yorker Büros des Hohen Kommissars der Vereinten Nationen für Menschenrechte zurücktrat: »Dies ist ein Fall von Völkermord wie aus dem Lehrbuch. Das europäische, ethno-nationalistische, koloniale Projekt der Siedler in Palästina ist in seine letzte Phase eingetreten, in der es um die beschleunigte Zerstörung der letzten Überreste einheimischen palästinensischen Lebens in Palästina geht. Darüber hinaus sind die Regierungen der Vereinigten Staaten, des Vereinigten Königreichs und eines Großteils von Europa an diesem schrecklichen Angriff beteiligt.«[3]

Volker Türk, UN-Kommissar für Menschenrechte, erklärte in Genf: »Die grundlegendsten menschlichen Werte sind nicht mehr geachtet worden. Die Tötung so vieler Zivilisten kann nicht als Kollateralschaden abgetan werden.«[4]

Die Erstürmung und Durchsuchung des Al-Shifa-Krankenhauses, mit der das Netanjahu-Regime angeblich dessen Nutzung als Stützpunkt für Militäroperationen der Hamas beweisen wollte, hat nur weitere Beweise für Israels Verbrechen gegen die Menschlichkeit geliefert.

3 Craig Mokhiber, »Brief an den United Nations High Commissioner for Human Rights«, 28. Oktober 2023, auf: https://www.documentcloud.org/documents/24103463-craig-mokhiber-resignation-letter.

4 Volker Türk, »UN Human Rights Chief Volker Türk briefs States on his visit to the Middle East«, 16. November 2023, auf: https://www.ohchr.org/en/statements-and-speeches/2023/11/un-human-rights-chief-volker-turk-briefs-states-his-visit-middle.

Der Schlachtruf des Imperialismus: »Kein Waffenstillstand«

Im Angesicht der unwiderlegbaren, täglich sichtbaren Beweise für die hemmungslose Gewalt gegen die Zivilbevölkerung haben sich die imperialistischen Mächte wiederholt und nachdrücklich gegen Forderungen nach einem Waffenstillstand ausgesprochen. »Kein Waffenstillstand« ist zum Kriegsschrei der Verbündeten des israelischen Regimes geworden. Stattdessen haben die Euphemismus-Experten der US-Regierung und ihrer NATO-Verbündeten den Ausdruck »humanitäre Feuerpause« erfunden – eine originelle Art, das Nachladen der Waffen und die Neujustierung der Ziele durch die israelischen Streitkräfte zu beschreiben.

Die israelische Regierung und ihre imperialistischen Unterstützer rechtfertigen die völkermörderische Terrorkampagne als legitime Reaktion auf den Aufstand der Hamas vom 7. Oktober. Zunächst sei darauf hingewiesen, dass es keine offizielle Untersuchung der Ereignisse dieses Tages gegeben hat. Es gibt keine genauen Angaben über die Zahl der Todesopfer, geschweige denn darüber, wie sie ums Leben kamen. Es gibt keine zuverlässigen Informationen darüber, wie viele israelische Opfer durch die Hamas und wie viele durch die massiven Vergeltungsmaßnahmen des israelischen Militärs gestorben sind. Zu den unbeantworteten Fragen gehört auch, inwieweit die Netanjahu-Regierung auf der Suche nach einem Vorwand für einen Angriff auf den Gazastreifen absichtlich Geheimdienstinformationen übersehen hat, die auf eine von der Hamas geplante Operation hinwiesen. Es ist zwar durchaus möglich, dass das Netanjahu-Regime das Ausmaß des Überfalls nicht vorhergesehen hat, aber es ist kaum anzunehmen, dass die israelischen Geheimdienste, deren Agenten im gesamten Gazastreifen und im Westjordanland tätig sind, von den Vorbereitungen der Hamas auf eine größere Militäroperation nichts mitbekommen haben.

Weitere Informationen werden sicherlich noch folgen. Doch der Versuch des israelischen Regimes, seine gegenwärtigen Maßnahmen als angemessene Reaktion auf die Ereignisse vom 7. Oktober zu rechtfertigen, ist ein grundlegender Betrug und geht, um Klartext zu reden, weitgehend an der Sache vorbei. Der Versuch, den Angriff auf den Gazastreifen als legitime Vergeltung für den Angriff der Hamas zu rechtfertigen, ist das übliche Argumentationsmuster, zu dem Unterdrücker in der Geschichte immer gegriffen haben, um die Niederschlagung des Widerstands der Unterdrückten zu rechtfertigen.

Wenn ich aus einem Vortrag zitieren darf, den ich letzten Monat an der Universität von Michigan gehalten habe:

> Der Tod so vieler unschuldiger Menschen ist tragisch. Aber die Wurzeln dieser Tragödie liegen in objektiven historischen Entwicklungen und politischen Bedingungen, die ein solches Ereignis unvermeidlich machten. Wie immer sträuben sich die herrschenden Klassen gegen jeden Hinweis auf die Ursachen des Aufstands. Ihre eigenen Massaker und das gesamte blutige System der Unterdrückung, das sie in aller Brutalität betreiben, dürfen nicht erwähnt werden.
>
> Aber ist es wirklich überraschend, dass sich die Wut über die jahrzehntelange Unterdrückung durch das zionistische Regime explosiv Bahn gebrochen hat? So ist es auch früher gewesen, und solange Menschen unterdrückt und misshandelt werden, wird es auch in Zukunft so bleiben. Von denjenigen, die unter Unterdrückung leiden, kann nicht erwartet werden, dass sie in einer verzweifelten Rebellion, bei der ihr eigenes Leben auf dem Spiel steht, ihren Peinigern mit zartfühlender Höflichkeit begegnen. Solche Aufstände sind oft durch grausame und blutige Racheakte gekennzeichnet.
>
> Es gibt viele Beispiele: der Sepoyaufstand in Indien, der Aufstand der Dakota-Indianer gegen die Siedler, der Boxeraufstand in China, der Aufstand der Hereros in Südwestafrika und, in jüngerer Zeit, der Aufstand der Mau-Mau in Kenia. Jedes Mal wurden die Aufständischen als herzlose Mörder und Dämonen beschimpft und mit brutaler Vergeltung überzogen. Es mussten Jahrzehnte, wenn nicht gar ein Jahrhundert oder mehr vergehen, bis sie mit Verspätung als Freiheitskämpfer geehrt wurden.[5]

5 Siehe S. 22 in diesem Buch.

Terroristische Vorfälle als Vorwand für Krieg und Unterdrückung

Es ist nicht das erste Mal, dass ein terroristischer Vorfall als Vorwand herangezogen wird, um die politischen Ziele einer Regierung in die Tat umzusetzen. 1914 nutzte die österreichisch-ungarische Monarchie die Ermordung ihres Erzherzogs in Sarajewo, um Serbien ein inakzeptables Ultimatum zu stellen und in den Krieg zu ziehen.

Im November 1938 verübte der 17-jährige polnische Flüchtling Herschel Grynszpan in Paris ein Attentat auf Ernst vom Rath, einen Mitarbeiter der deutschen Botschaft. Mit dieser Tat protestierte er gegen die brutale antijüdische Politik des Naziregimes. Die Nazis nutzten die Verzweiflungstat dieses jungen Mannes, um in ganz Deutschland ein gewalttätiges antijüdisches Pogrom zu organisieren, das als »Reichspogromnacht« berüchtigt wurde. Über 100 Juden wurden ermordet und 30 000 wurden verhaftet und in Konzentrationslager verschleppt. Fast 300 Synagogen wurden zerstört und Tausende Geschäfte in jüdischem Besitz geplündert.

Es ließen sich noch viele andere Vorfälle anführen, wie etwa der Mordanschlag auf Shlomo Argov, den israelischen Botschafter in Großbritannien, am 3. Juni 1982 in London. Die israelische Regierung nutzte dieses Ereignis als Vorwand für eine groß angelegte Invasion des Libanons, die sie als »Operation Frieden für Galiläa« bezeichnete und deren Ziel die Einrichtung einer Sicherheitszone im Südlibanon war.

Eine Folge dieser Invasion war das Massaker in den palästinensischen Flüchtlingslagern Sabra und Schatila in Beirut. Die Massaker wurden drei Tage lang, vom 16. bis 18. September 1982, von libanesischen christlich-faschistischen Milizen verübt, die mit Israel verbündet waren. Den Faschisten wurde von den israelischen Streitkräften, die Beirut umzingelt hatten, der Zugang zu den Lagern gestattet. Dort schlachteten sie mit Billigung des israelischen Verteidigungsministers und späteren Premierministers Ariel Sharon mehrere Tausend palästinensische Flüchtlinge ab.

Schließlich ist noch die Zerstörung der Zwillingstürme des World Trade Centers am 11. September 2001 zu nennen. Das undurchsichtige Ereignis wurde mit einer »Sicherheitslücke« infolge eines »Versäumnisses, die Zusammenhänge zu erkennen« erklärt und von der Bush-Regierung genutzt, um in Afghanistan und im Irak einzumarschieren. Gleichzeitig weitete man die militärischen Operationen der Vereinigten Staaten im gesamten Nahen Osten und in Zentralasien erheblich aus, übernahm die israelische Praxis der »gezielten Tötungen« und schuf innerhalb der Vereinigten Staaten das Heimatschutzministerium, stärkte die repressive Macht des Staates und untergrub die demokratischen Rechte der Amerikaner.

Trotz der uneingeschränkten Unterstützung der israelischen Invasion, die mit einer massiven Propagandakampagne in den Medien einhergeht, ist der Genozid auf eine mächtige internationale Protestbewegung von beispiellosem Ausmaß gestoßen. Überall auf der Welt kam es zu Demonstrationen von Zehn- und sogar Hunderttausenden.

Um die Proteste zu diskreditieren, haben Israel, die mit ihm verbündeten Regierungen und natürlich prozionistische Organisationen sie als »antisemitisch« denunziert. Seit Jahrzehnten schon wird versucht, allen Gegnern von Israels Unterdrückung der Palästinenser dieses Etikett anzuheften.

Angesichts der Tatsache, dass Menschen jüdischer Herkunft und insbesondere jüdische Jugendliche bei den Demonstrationen stark in Erscheinung getreten sind – vor allem in den Vereinigten Staaten, die den größten jüdischen Bevölkerungsanteil außerhalb Israels aufweisen –, mag der Vorwurf des Antisemitismus schlicht absurd erscheinen.

Schlimmer noch – wenn Opposition gegen den Genozid unablässig als Ausdruck von Antisemitismus diffamiert wird, ist zu befürchten, dass der reaktionäre Missbrauch dieses Wortes zu einer Legitimierung antijüdischer Ressentiments führen wird.

Die Ursprünge des Zionismus

Die gegenwärtigen politischen Beweggründe für die Hetzkampagne sind offensichtlich. Doch die Bedeutung des Antisemitismusvorwurfs geht über seine unmittelbar pragmatische Anwendung hinaus. Allen Gegnern des israelischen Staates Antisemitismus zuzuschreiben, hat seine Wurzel in der irrationalistischen und nationalchauvinistischen Ideologie, auf der das gesamte zionistische Projekt beruht, seit es im späten 19. Jahrhundert zu einer bedeutenden politischen Bewegung wurde.

Nachdem jüdische Intellektuelle und Mittelschichten in weiten Teilen West- und Mitteleuropas durch den Siegeszug der Aufklärung und die politischen und gesellschaftlichen Auswirkungen der Französischen Revolution allmählich aus der Enge des Ghettos befreit worden waren, verbanden sie sozialen Fortschritt und die Erlangung demokratischer Rechte eher mit ihrer Assimilation als mit ihrer Segregation aus der Gesellschaft. Sie wollten, dass ihre Religion als Privatsache betrachtet wird und somit keine Auswirkungen auf ihren Status als Bürger mit vollen demokratischen Rechten hat. Eine beträchtliche Zahl von Juden erachtete ihr eigenes Streben nach demokratischen Rechten zunehmend als Bestandteil des größeren und weitaus bedeutenderen welthistorischen Kampfes des Proletariats gegen die Hauptursache der sozialen Unterdrückung in der modernen Welt – das kapitalistische System – und ordnete es diesem Kampf unter.

Darüber hinaus war der proletarische Kampf für Sozialismus seinem Wesen nach international und widersprach der Priorisierung jeglicher Form von religiöser, ethnischer oder nationaler Identität gegenüber der universellen Solidarität der Arbeiterklasse. Aus diesem Grund war die Haltung der sozialistischen Bewegung gegenüber der zionistischen Bewegung, als sie in den späten 1880er und 1890er Jahren aufkam, von unversöhnlicher Ablehnung geprägt.

Die Behauptung, wonach die »Rasse« gegenüber der Klasse Vorrang genieße, wurde von Moses Hess in seinem Buch »Rom und Jerusalem«, das 1862 veröffentlicht wurde, mit Nachdruck vertreten. Hess hatte Anfang der 1840er Jahre eine bedeutende Rolle in der frühen sozialistischen Bewegung gespielt, wurde aber durch die am Ende des Jahrzehnts erlittenen Niederlagen demoralisiert. Als erste bedeutende Persönlichkeit, die die Perspektive eines jüdischen Staates in Palästina vertrat, erklärte Hess – in direktem Gegensatz zur Perspektive von Marx: »Die ganze bisherige Geschichte bewegte sich in Rassen- und Klassenkämpfen. Der Rassenkampf ist das Ursprüngliche, der Klassenkampf das Sekundäre.«[6]

In »Rom und Jerusalem« sind bereits mehrere wesentliche Elemente der zionistischen Ideologie beinhaltet. Das erste ist, wie in der soeben zitierten Erklärung dargelegt, der Vorrang der »Rasse« gegenüber der Klasse.

6 Moses Hess, *Rom und Jerusalem*, Leipzig 1899, S. 156 (an die aktuelle Rechtschreibung angepasst).

Zweitens beharrt Hess darauf, dass der Nationalstaat die wesentliche Grundlage allen politischen Lebens und der unverzichtbare Rahmen für das Überleben und den Fortschritt der Juden ist. »Die jüdische Volksmasse«, schrieb er, »wird sich an der großen geschichtlichen Bewegung der modernen Menschheit erst dann beteiligen, wann sie ein jüdisches Vaterland haben wird.«[7]

Das dritte wesentliche Element ist die zutiefst demoralisierte und pessimistische Vorstellung, dass die Juden in den bestehenden europäischen Staaten niemals assimiliert werden können. Zu glauben, dass Juden die Verfolgung überwinden und durch den Kampf der europäischen Arbeiterklasse für den Sozialismus ihre volle Emanzipation erreichen könnten, sei eine Illusion:

> Wozu die Täuschung? – Die europäischen Völker haben die Existenz der Juden in ihrer Mitte niemals anders denn als eine Anomalie betrachtet. Wir werden stets Fremde unter Nationen bleiben …
>
> Die Deutschen hassen weniger die Religion der Juden, als ihre Rasse … Weder Reform, noch Taufe, weder Bildung, noch Emanzipation erschließt den deutschen Juden vollständig die Pforten des sozialen Lebens.[8]

Das vierte Element war die Überzeugung, dass die Gründung eines jüdischen Staates in Palästina nur insoweit möglich wäre, wie sie als vorteilhaft für die Interessen einer europäischen Großmacht angesehen würde. Für Hess, der im Europa der 1860er Jahre lebte, war diese Macht Frankreich, das damals unter der reaktionären Diktatur des Kaisers Louis Bonaparte stand. Frankreich, schrieb er, werde »der Gründung von jüdischen Kolonien am Kanal von Suez und an den Ufern des Jordans in einer nicht mehr fernen Zeit Vorschub leisten«[9]. Im 20. Jahrhundert verfolgte die zionistische Bewegung ihre Ziele, indem sie dem türkischen Sultan, dem russischen Zaren und etwas später dem britischen und schließlich dem amerikanischen Imperialismus ihre Dienste anbot.

7 Ebd., S. 94.

8 Ebd., S. 22, 11–12.

9 Ebd., S. XIX.

Obwohl es zu seinen Lebzeiten relativ unbekannt blieb, nahm Hess' »Rom und Jerusalem« viele der Konzepte vorweg, die mehrere Jahrzehnte später die Politik der zionistischen Bewegung bestimmen sollten. Theodor Herzl sagte später, wenn er das Buch von Hess gekannt hätte, wäre es nicht nötig gewesen, sein eigenes Buch »Der Judenstaat« zu schreiben. Herzl war allerdings Hess intellektuell in jeder Hinsicht unterlegen. Und im Gegensatz zu Hess, der sich nach der Gründung der Ersten Internationale wieder der sozialistischen Bewegung annäherte, stand Herzl dem Sozialismus und einer unabhängigen Bewegung der Arbeiterklasse feindlich gegenüber.

Sozialistische Opposition gegen den Zionismus

Die Pogrome (gewalttätige antijüdische Ausschreitungen), die 1881 im Russischen Reich ausbrachen und mit Unterstützung des zaristischen Regimes bis 1882 andauerten, hatten tiefgreifende Auswirkungen auf die politische Einstellung breiter Teile der jüdischen Bevölkerung. Diese blutigen Ereignisse gaben den Anstoß zu einem immensen Anwachsen der politischen Aktivität unter Juden. In dieser Zeit begann der Zionismus, der das Programm der jüdischen Auswanderung nach Palästina propagierte, eine bedeutende Anhängerschaft zu gewinnen. Eine weitaus stärkere Tendenz war jedoch die Beteiligung der jüdischen Jugend an sozialistischer Politik. In den späten 1890er Jahren manifestierten sich diese Aktivitäten vor allem in der entstehenden Russischen Sozialdemokratischen Arbeiterpartei und im sozialistischen Bund, der eine unabhängige politische Organisation der jüdischen Arbeiter auf der Grundlage sozialistischer Politik anstrebte.

Beide sozialistischen Strömungen standen der zionistischen Bewegung unversöhnlich gegenüber und wiesen ihren Anspruch, die Interessen des jüdischen Volkes zu vertreten, entschieden zurück. Bezeichnenderweise lagen die Sympathien des zaristischen Regimes im politischen Kampf zwischen Zionisten und Sozialisten ganz auf der Seite der Zionisten, die es als Verbündete im Kampf gegen den zunehmend gefährlichen Einfluss der sozialistischen Bewegung auf die jüdische Jugend betrachtete. Es sympathisierte mit dem Ziel des zionistischen Projekts, der Auswanderung von Juden aus Russland nach Palästina.

Der Historiker Yossi Goldstein schrieb:

> Die positive Haltung der Behörden gegenüber den Aktivitäten der zionistischen Bewegung hatte weitreichende Folgen. Im Gegensatz zu ihren Konkurrenten im sozialistischen *Bund* mussten die zionistischen Aktivisten keine Geheimhaltung wahren, die die Ausbreitung ihrer Bewegung behindert hätte. Die Dynamik, die für die Jahre 1898–1900 charakteristisch war, war weitgehend auf die von den Behörden gewährte Legitimation zurückzuführen. Damit eröffnete sich den Leitern der Bewegung (den *Murshim*) und anderen Organisatoren ein weites Betätigungsfeld, das anderen Bewegungen verwehrt blieb. Dies verschaffte dem Zionismus einen bedeutenden Vorteil gegenüber seinen Konkurrenten im Wettbewerb um Anhängerschaft in der jüdischen Bevölkerung.[10]

Die heutige Behauptung, Antizionismus sei Antisemitismus, wäre damals – als Tausende jüdische Arbeiter und sogar beträchtliche Teile der jüdischen Mittelklasse-Intelligenz ihre politische Energie auf den Kampf für Sozialismus richteten – als bösartige Verleumdung oder gar als politischer Wahnsinn abgetan worden.

Goldstein stellte fest: »In der Propaganda des Bundes wurde der Schwerpunkt auf die Klassenunterschiede gelegt, wobei der Zionismus das Klein- und Mittelbürgertum und der Bund das jüdische Proletariat vertrat.«[11] Die Feindseligkeit des Bundes gegenüber dem Zionismus war so tiefgehend und von so grundlegendem Charakter, dass auf dem Vierten Kongress des Bundes im Mai 1901 »zum ersten Mal beschlossen wurde«, schrieb Goldstein, »einen Krieg bis zum Tod gegen den Zionismus zu führen«.[12] In bündischen Publikationen wurde gewarnt, dass »der Zionismus nur eine Maske ist, hinter der man die Arbeiter ausbeutet und das werktätige Volk betrügt«. Der Bund rief seine Mitglieder dazu auf,

10 Yossi Goldstein, »The Attitude of the Jewish and the Russian Intelligentsia to Zionism in the Initial Period, 1897–1904«, in: *The Slavonic and East European Review*, Jg. 64, Nr. 4, Oktober 1986, S. 547–548.

11 Ebd., S. 550.

12 Ebd., S. 551.

sich von »den Hunderten üblen kleinen Kreaturen fernzuhalten, die aus dem verrotteten Leichnam des Zionismus hervorkriechen und auf das Proletariat zugehen, um es dazu zu bringen, vom Weg des Klassenkampfes abzuweichen«.[13]

Die Feindseligkeit der Sozialisten gegenüber dem Zionismus wurde weitgehend von großen Teilen der russischen Intelligenz geteilt, die, wie Goldstein schrieb,

> die zionistische Bewegung angriffen und ihre Ideen verabscheuten. Die meisten von ihnen wünschten sich ihr Verschwinden. Die Motive und Gründe für die einmütige antizionistische Front der russischen Intelligenz ... waren im Rationalismus verwurzelt, der die allgemeine Theoriebildung der Intelligenz zu Beginn des 20. Jahrhunderts bestimmte. Für viele blieb der Zionismus eine Art Utopie, verbunden mit der Sehnsucht nach Zion und jüdischem eschatologischen Denken außerhalb der rationalen, intellektuellen Welt. Herzl und seinesgleichen wurden in Westeuropa eher als Verbündete der jüdischen Orthodoxie denn als Abkömmlinge der westlichen Aufklärung betrachtet.[14]

Der Antizionismus aller Fraktionen der sozialistischen Bewegung verhinderte, dass die Zionisten ernstlich in der Arbeiterklasse Fuß fassen konnten. »Von Anfang an«, schreibt Goldstein am Ende seines historischen Essays, »zog die zionistische Bewegung vor allem Mitglieder der jüdischen Mittelschicht an.«[15]

Die Zionisten erlangten nie die für den Erfolg ihres reaktionären Kolonisierungsprojekts notwendige Massenbasis, bis die Katastrophe des Holocausts ihnen mehrere Hunderttausend hoffnungslos verfolgte und staatenlose Menschen, Überlebende des nationalsozialistischen Völkermords, in die Arme trieb.

13 Ebd., S. 550.
14 Ebd., S. 555.
15 Ebd.

Zionistische Kollaboration mit den Nazis

Es gibt vor der Gründung Israels im Jahr 1948 keine Periode in der Geschichte, die den reaktionären Charakter des Zionismus und seinen betrügerischen Anspruch, die Interessen des jüdischen Volkes zu vertreten, so gründlich entlarvt hat wie sein Verhalten in den 1930er Jahren. Das Ausmaß der politischen und wirtschaftlichen Beziehungen zwischen den Nazis und den Zionisten ist von Historikern ausführlich dokumentiert worden. Viele der wichtigsten Werke zu diesem Thema wurden von jüdischen Historikern verfasst, von denen Saul Friedländer und Tom Segev die bekanntesten sind.

Nach Hitlers Machtergreifung neigten die zionistischen Organisationen dazu, mit den Nazis zu kollaborieren, und argumentierten sogar, dass sowohl der Nationalsozialismus als auch der Zionismus nationale Bewegungen seien, deren »völkische« Prinzipien miteinander vereinbar seien.

Zionistische Vertreter aus Deutschland und Palästina lehnten Massenproteste und einen Wirtschaftsboykott des Naziregimes ab. Stattdessen trafen sie sich mit Vertretern des Dritten Reichs und schlossen am 27. August 1933 ein als Haavarah bekanntes Finanzabkommen. Es »ermöglichte«, wie Friedländer erklärt, »jüdischen Emigranten den indirekten Transfer eines Teils ihres Vermögens und erleichterte den Export von Waren aus Nazideutschland nach Palästina«.[16]

Friedländer fährt fort:

> Einer der Hauptvorteile, den das neue Regime aus dem Haavarah-Abkommen zu ziehen hoffte, war eine Bresche in dem gegen Deutschland gerichteten Wirtschaftsboykott der ausländischen Juden ... Die zionistischen Organisationen und die Führung des Jischuw (der jüdischen Gemeinschaft in Palästina) distanzierten sich von jeder Form von Massenprotest oder Boykott, um keine Hindernisse für die neuen Vereinbarungen zu schaffen. Selbst vor dem Abschluss des Haavarah-Abkommens nahm eine derartige »Kooperation« manchmal bizarre Formen an. So wurde Anfang 1933 Baron Leopold Itz Edler von

16 Saul Friedländer, *Das Dritte Reich und die Juden, Bd. 1, Die Jahre der Verfolgung 1933–1939*, München 1998, S. 76.

Mildenstein, ein Mann, der wenige Jahre später Leiter des Judenreferats des Sicherheitsdienstes (der von Reinhard Heydrich geleiteten nachrichtendienstlichen Abteilung der SS) werden sollte, zusammen mit seiner Ehefrau eingeladen, eine Rundreise durch Palästina zu unternehmen und eine Artikelserie für Goebbels' Zeitschrift »Der Angriff« zu schreiben. Und so kam es, dass die Mildensteins in Begleitung von Kurt Tuchler, einem führenden Mitglied der Berliner zionistischen Organisation, und dessen Frau jüdische Siedlungen in Erez Israel besuchten. Die überaus positiven Artikel erschienen ordnungsgemäß unter dem Titel »Ein Nationalsozialist fährt nach Palästina«, und zur Erinnerung an diesen Anlass wurde eine spezielle Medaille geprägt, die auf der einen Seite ein Hakenkreuz und auf der anderen einen Davidsstern trug.[17]

Am 22. Juni 1933 schickten die Führer der zionistischen Organisation für Deutschland eine Denkschrift an Hitler, in der sie erklärten:

> Der Zionismus glaubt, dass die Wiedergeburt des nationalen Lebens eines Volkes, wie sie sich nun in Deutschland auf christlicher und nationaler Grundlage vollzieht, auch für das jüdische Volk kommen wird. Auch für das jüdische Volk müssen Abstammung, Religion, gemeinsames Schicksal und ein Sinn für Einzigartigkeit von entscheidender Bedeutung für seine Existenz sein. Dies erfordert die Ausschaltung des ichsüchtigen Individualismus der liberalen Zeit und seine Ersetzung durch einen Sinn für die Gemeinschaft und die kollektive Verantwortung.[18]

Später versuchten die Apologeten der Zionisten, solche Äußerungen und die Haavarah als Überlebensmaßnahmen unter verzweifelten Umständen zu erklären, als ob der Triumph des Faschismus die Kollaboration rechtfertige. Die Reaktion der Zionisten auf die brutale Verfolgung und sogar auf die Ermordung der Juden durch die Nazis wurde durch Berechnungen der Auswirkungen auf die Aussichten für die jüdische Auswanderung nach

17 Ebd., S. 77.

18 Ebd., S. 77–78.

Palästina bestimmt. Wie David Ben-Gurion, der Führer der zionistischen Bewegung, in einem berühmt-berüchtigten Zitat erklärte:

> Wenn ich wüsste, dass es durch Transporte nach England möglich wäre, alle [jüdischen] Kinder aus Deutschland zu retten, durch Transporte nach Palästina aber nur die Hälfte von ihnen gerettet werden könnte, würde ich mich für Letzteres entscheiden – denn wir werden nicht nur von diesen Kindern zur Rechenschaft gezogen, sondern müssen dem jüdischen Volk historische Rechenschaft ablegen.[19]

Nach den »Kristallnacht«-Pogromen äußerte Ben-Gurion darüber hinaus die Befürchtung, dass das Ereignis zu internationaler Sympathie für die Notlage der Juden führen könnte, so dass verschiedene Länder ihre Einwanderungsbeschränkungen lockern und den Juden Alternativen zu Palästina bieten würden.

Zionismus gegen Aufklärung
Die Metaphysik des nationalistischen Irrationalismus

Die von den zionistischen Organisationen geäußerte Sympathie für den Nationalsozialismus kann nicht nur als Ausdruck von Feigheit und groteskem taktischen Opportunismus erklärt werden. Aufgrund seiner Entstehungsgeschichte als Frucht des imperialistischen Kolonialismus und Feind des Sozialismus und einer wissenschaftlichen Geschichts- und Gesellschaftsauffassung war es unvermeidlich, dass sich der Zionismus auf extrem reaktionäre Elemente nationalistischer Politik und Ideologie stützte.

In einer Epoche, in der die treibende Kraft des gesellschaftlichen Fortschritts der revolutionäre Kampf der internationalen Arbeiterklasse gegen den Kapitalismus und den bürgerlichen Nationalstaat geworden war, stützte der Zionismus sein Programm auf die Verherrlichung des nationalen Prinzips als wesentliche Grundlage der jüdischen Existenz. Alle aus der

19 David Ben-Gurion auf der Sitzung des Zentralkomitees der Mapai (Partei der Arbeiter Erez Israels), 7. Dezember 1938, zitiert in: Tom Segev, *Die siebte Million*, Reinbek 1995, S. 43.

Aufklärung und den späteren sozialistischen Bewegungen stammenden Geschichtsauffassungen, die das Prinzip der nationalen Exklusivität untergruben – insbesondere diejenigen, die auf der Grundlage von Wissenschaft und Vernunft die nationale Identität als ein historisch begrenztes und vorübergehendes Phänomen ansahen, das mit einer bestimmten Phase der Entwicklung der Produktivkräfte und ihrer Beziehung zum Weltmarkt verbunden war –, galten als unvereinbar mit dem Zionismus, der sich nicht nur als politisches Programm, sondern auch als alleiniger Ausdruck der jüdischen Identität verstand. Die Legitimität des Zionismus zu leugnen, bedeutete demnach, das Existenzrecht der Juden zu leugnen.

Daraus folgt die hinterhältige Anschuldigung, dass Opposition gegen den Zionismus antisemitisch sei, auch wenn der Opponent selbst Jude ist. In einem Buch mit dem Titel »Judaism, Antisemitism, and Holocaust« (Judentum, Antisemitismus und Holocaust), das 2022 bei Cambridge University Press erschienen ist, rechtfertigt Professor David Patterson – Professor für Geschichte am Ackerman Center for Holocaust Studies an der University of Texas in Dallas – diese Verleumdungen, indem er religiöse Mythen und Irrationalismus verteidigt. Er behauptet, dass der Ursprung des modernen Antisemitismus in der Aufklärung und insbesondere in der Philosophie von Immanuel Kant zu suchen ist. Er schreibt:

> Die Doktrinen der Aufklärung wurden durch eine Denkweise hervorgebracht, die von Natur aus antisemitisch war: Die Philosophie der Aufklärung *muss*, wenn sie sich selbst treu bleiben will, antisemitisch sein. Wenn die menschliche Freiheit in der menschlichen Autonomie liegt, und wenn die menschliche Autonomie darin besteht, selbstbestimmt zu sein, wie Kant behauptet, dann erkennt man, dass nichts die selbstbestimmte menschliche Autonomie mehr bedroht als die befehlende Stimme vom Berg Sinai, die Stimme, die die moderne Sichtweise untergräbt, für die Kant eintritt und die die Welt heute annimmt.[20]

Patterson fährt fort:

20 David Patterson, *Judaism, Antisemitism, and Holocaust: Making the Connections*, Cambridge 2022, S. 159.

> Wenn man sich die Prämisse der Aufklärung zu eigen macht, dass es keine getrennten Völker geben kann, sondern nur eine universelle, in der Vernunft begründete Humanität, dann muss man zwangsläufig eine antisemitische Position einnehmen ... Wenn wir die Vaterschaft Gottes verlieren, verlieren wir die Brüderlichkeit der Menschheit: Sobald Gott überflüssig ist, ist auch der Mensch überflüssig. Der jüdische Staat ist also nicht nur überflüssig, sondern auch gefährlich. Für den linksintellektuellen Antizionisten gipfelt die moderne Geschichte des Ausschlusses von Gott in der Streichung des zionistischen Staates von der Landkarte.[21]

Diese Worte stammen nicht aus einem fundamentalistischen Heftchen evangelikaler Christen, wie sie in amerikanischen Apotheken feilgeboten werden. Es erschien unter dem Imprimatur der Cambridge University Press, einem der renommiertesten Verlage der Welt.

Der Angriff auf Gaza als Epizentrum der imperialistischen Barbarei

Pattersons Buch zeugt nicht nur vom durch und durch reaktionären Charakter des Zionismus, sondern auch von der weit fortgeschrittenen politischen, gesellschaftlichen, intellektuellen und moralischen Fäulnis des kapitalistischen Systems, das im nationalstaatlichen System verwurzelt ist. Hierin liegt die allgemeine Bedeutung der unnachgiebigen Solidarität aller imperialistischen Mächte mit dem israelischen Staat. Natürlich gibt es pragmatische geopolitische Interessen, die die Unterstützung der Vereinigten Staaten und ihrer NATO-Verbündeten für den Krieg Israels gegen das palästinensische Volk bestimmen.

Hinter dieser Einheitsfront gegen die Palästinenser steht jedoch die Erkenntnis, dass deren demokratische Bestrebungen, die die Auflösung des bestehenden israelischen Staates und die Schaffung einer neuen binationalen Föderation erfordern, nicht nur die Interessen des Imperialismus im Nahen Osten, sondern die gesamte historisch überholte Staats-

21 Ebd., S. 163.

struktur der imperialistischen Geopolitik und der kapitalistischen Herrschaft bedrohen.

Weder die Unterdrückung des palästinensischen Volkes noch das historische und immer noch sehr reale Problem des Antisemitismus können im Rahmen des kapitalistischen Systems und seiner Nationalstaaten gelöst werden. Der Imperialismus hat mit der Gründung des israelischen Staates das »jüdische Problem« nicht gelöst. Er hat die ungeheure Tragödie des Holocaust – eines der größten Verbrechen des Imperialismus – vielmehr für seine eigenen Zwecke gebraucht und ausgenutzt.

Eine Fokussierung auf den Krieg in Gaza ist angesichts des Ausmaßes des Verbrechens, das an der Bevölkerung begangen wird, sicherlich gerechtfertigt. Doch der Kampf für die Beendigung des Völkermordes unterstreicht die zentrale Perspektive, die den Daseinszweck des Internationalen Komitees der Vierten Internationale ausmacht, und verleiht ihr höchste Dringlichkeit: dem Kampf für die sozialistische Weltrevolution. Es gibt keine andere Antwort auf die Todeskrise des kapitalistischen Systems. Cannon fasste die Bedeutung der Spaltung der Vierten Internationale im Jahr 1953 mit den Worten zusammen: »Es geht um die Entwicklung der internationalen Revolution und die sozialistische Umgestaltung der Gesellschaft.«[22]

Angesichts des Völkermordes in Gaza, des Krieges in der Ukraine, der Gefahr einer Eskalation hin zu einem globalen Atomkrieg, der Angriffe auf demokratische Rechte, der schwindelerregenden sozialen Ungleichheit, der unkontrollierten Ausbreitung der Pandemie und der drohenden Umweltkatastrophe wendet sich das Internationale Komitee an die wachsende Massenbewegung der Arbeiter und Jugendlichen auf der ganzen Welt und erklärt in aller Deutlichkeit: »Die Aufgabe, mit der ihr konfrontiert seid, ist die Entwicklung der internationalen Revolution und die sozialistische Umgestaltung der Gesellschaft.«

Und deshalb müsst ihr euch den Sektionen des Internationalen Komitees der Vierten Internationale anschließen und sie auf der ganzen Welt aufbauen.

22 James P. Cannon, »Letter to George Breitman«, 1. März 1953, in: *Toward A History of the Fourth International*, auf: https://www.marxists.org/archive/cannon/works/1954/mar/01.htm.

»Der exkommunizierte Spinoza«, 1907, Gemälde von Samuel Hirszenberg

Die faschistische Ideologie des israelischen Staats und der Genozid in Gaza

Wer die Eingangshalle der Humboldt-Universität betritt, erblickt das berühmte Zitat von Marx: »Die Philosophen haben die Welt nur verschieden interpretiert, es kommt aber darauf an, sie zu verändern.«[1] Dieser grundlegende Aufruf von Marx sollte jeden Redner leiten, wenn er vor einer Versammlung spricht. Wie wird das, was er sagt, dazu beitragen, die Welt zu verändern?

Zunächst möchte ich meinen Genossinnen und Genossen von der deutschen Sektion der International Youth and Students for Social Equality (IYSSE) dafür danken, dass sie mich eingeladen haben, heute Abend an der Humboldt-Universität zu sprechen. Soweit ich weiß, gab es gewisse Probleme bei der Festlegung des Vortragsthemas. Sie wurden darüber informiert, dass der Titel keinen Hinweis auf den derzeitigen Völkermord durch die israelische Regierung in Gaza enthalten darf. Nun, sie haben sich an diese Vorgabe gehalten, und im Titel findet sich kein Hinweis auf dieses immens wichtige Ereignis. Diese offenkundige Einschränkung der Meinungsfreiheit ist Teil der Bestrebungen der deutschen Regierung, der Medien und der unterwürfigen akademischen Einrichtungen, Widerstand gegen die Verbrechen der Netanjahu-Regierung zu unterbinden und zu diskreditieren.

Nachdem wir uns nun an die Auflagen zum Vortragstitel gehalten haben, werde ich dennoch über die Ereignisse in Gaza sprechen. Wie könnte man dies nicht tun.

In den letzten zwei Monaten wurde die Welt Zeuge, wie die israelische Regierung mit ungeheurer Brutalität Krieg gegen eine wehrlose Bevölkerung führt. Die Zahl der Todesopfer nähert sich der Marke von

Vortrag an der Humboldt-Universität in Berlin am 14. Dezember 2023.

1 Karl Marx, »Thesen über Feuerbach«, in: *MEW*, Bd. 3, Berlin 1969, S. 7.

20 000 oder hat sie vielleicht schon überschritten. Mehr als die Hälfte der Getöteten sind Frauen und Kinder. Die Gesamtzahl der Opfer beträgt ein Vielfaches dieser Zahl. In den ersten sechs Wochen dieses Krieges hat Israel 22 000 von den Vereinigten Staaten gelieferte Bomben auf Gaza abgeworfen. Das war nur in den ersten sechs Wochen, seitdem ist eine beträchtliche Zeitspanne vergangen. Um eine Vorstellung vom Ausmaß dieses Angriffs zu gewinnen, sollte man bedenken, dass der Gazastreifen insgesamt 365 Quadratkilometer groß ist, also weniger als die Hälfte der Fläche Berlins (891 Quadratkilometer).

Die israelischen Streitkräfte verschonen keinen Teil des Gazastreifens und keinen Teil seiner Bevölkerung. Krankenhäuser, Schulen, Bibliotheken, Flüchtlingslager und andere öffentliche Gebäude werden bombardiert. Journalisten, Ärzte, Lehrer, Schriftsteller und Künstler werden gezielt ins Visier genommen. Der Mord an dem Lyriker Refaat Alareer ist nur das bekannteste Beispiel für die Tötungen, die auf Geheiß der israelischen Regierung verübt werden.

Dieses Gemetzel muss gestoppt werden. Und alle, die für die Verbrechen gegen die Bevölkerung im Gazastreifen und gegen die gesamte palästinensische Bevölkerung, die unter der Besatzung lebt, verantwortlich sind, müssen gemäß den in den Nürnberger Prozessen von 1945–1946 aufgestellten Grundsätzen in vollem Umfang zur Rechenschaft gezogen werden. Und wenn es dabei nach mir ginge, würden sie die gleichen Strafen erhalten.

Die Einschränkung für den Titel dieses Vortrags entbehrt nicht einer gewissen Ironie. Vor fast genau zehn Jahren, im Februar 2014, wurde ich von Sicherheitskräften daran gehindert, an einem Kolloquium teilzunehmen, auf dem der Geschichtsprofessor Jörg Baberowski hier an der Humboldt-Universität eine neue Biografie über Leo Trotzki vorstellen wollte, die Professor Robert Service von der Universität Oxford verfasst hatte. In der Einladung zu der öffentlichen Veranstaltung hieß es, dass Service die Fragen der Teilnehmer beantworten werde.

Services Trotzki-Biografie ist eine schamlose Geschichtsfälschung. Die Verleumdungen gegen Trotzki darin sind so eklatant, dass führende deutsche Historiker öffentlich dagegen protestierten, weshalb die deutsche Ausgabe erst mit einem Jahr Verzögerung erscheinen konnte.

Einer meiner Einwände gegen Services Biografie, die ich in mehreren Rezensionen detailliert dargelegt habe, bezog sich auf die antisemitischen

Stereotypen, von denen der britische Historiker in seiner Denunziation Trotzkis ausgiebig Gebrauch machte. Dazu gehörten unter anderem Anspielungen auf die Form von Trotzkis Nase und die Änderung seines russischen Vornamens von »Lew« in »Leiba« – eine jiddische Variante, die ausschließlich von antisemitischen Feinden des jüdischstämmigen Trotzki verwendet wurde.[2]

Wie sich bald herausstellte, beruhte das Bündnis der Professoren Baberowski und Service auf einer gemeinsamen antikommunistischen Agenda. Genau an dem Tag, an dem ich von dem Kolloquium an der Humboldt-Universität ausgeschlossen wurde, brachte »Der Spiegel« in seiner neuesten Ausgabe einen langen Essay, in dem die Verbrechen der Nazis mit dem Argument gerechtfertigt wurden, dass Hitlers Politik eine legitime Antwort auf die »Barbarei« der bolschewistischen Revolution gewesen sei.

Neben anderen Interviewpartnern zitierte »Der Spiegel« in diesem Beitrag auch Baberowski, der erklärte: »Hitler war kein Psychopath, er war nicht grausam. Er wollte nicht, dass an seinem Tisch über die Judenvernichtung geredet wird.«[3] Im Weiteren verteidigte Baberowski die nazifreundlichen Ansichten des inzwischen verstorbenen Professors Ernst Nolte, der damals Deutschlands führender Hitler-Apologet war.

Während die Studierenden der Humboldt-Universität über die Aussagen im »Spiegel« entsetzt waren, stellten sich die Verwaltung der Humboldt-Universität und die Medien hinter Baberowski. Dies änderte sich auch nicht, nachdem ein deutsches Gericht entschieden hatte, dass Baberowski als Rechtsextremist bezeichnet werden darf. Baberowski genoss und genießt die uneingeschränkte Rückendeckung der Humboldt-Universität. Deshalb konnte er auch einen wissenschaftlichen Mitarbeiter an den Lehrstuhl für die Geschichte Osteuropas berufen, der vor seiner Berufung an die Humboldt-Universität an einer Neonazi-Demonstration

2 Siehe auch: David North, *Verteidigung Leo Trotzkis*, Essen 2012.

3 Jörg Baberowski, zitiert in: Dirk Kurbjuweit, »Der Wandel der Vergangenheit«, in: *Der Spiegel*, Nr. 7, 2014. Diese Auseinandersetzung ist ausführlich dokumentiert in den Büchern *Warum sind sie wieder da?* von Christoph Vandreier und *Wissenschaft oder Kriegspropaganda?* von Peter Schwarz (Hrsg.).

gegen die Aufdeckung von Gräueltaten der Wehrmacht im Zweiten Weltkrieg teilgenommen hatte.

Vor zehn Jahren wurde ich von der Teilnahme an einem Kolloquium an der Humboldt-Universität ausgeschlossen, weil ich beabsichtigte, die Fälschungen von Service und seine antisemitischen Verunglimpfungen anzuprangern. Heute verbietet die Universität, indem sie sich als unversöhnlicher Gegner des Antisemitismus aufspielt, im Namen der Bekämpfung des Antisemitismus die Erwähnung des Völkermords in Gaza.

Ich erinnere an diesen Vorfall aus der nicht allzu fernen Vergangenheit, weil er beispielhaft ist für den Zynismus, die Heuchelei, die Demagogie und die hemmungslose Verlogenheit hinter der Kampagne, Opposition gegen Israels Angriff auf Gaza als »antisemitisch« zu diskreditieren. Diese Verleumdung ist eine wichtige Waffe in den Bemühungen Israels und seiner imperialistischen Komplizen, all diejenigen einzuschüchtern und zu isolieren, die gegen den Völkermord an den Palästinensern protestieren.

Plötzlich und von vielen überraschenden Seiten tauchen Kämpfer gegen Antisemitismus auf. Letzte Woche wurden in den Vereinigten Staaten Universitätspräsidentinnen nach Washington D. C. vorgeladen, weil sie es versäumt hatten, angeblich antisemitische Proteste auf amerikanischen College-Campus zu unterbinden. Angeführt wurde die inquisitorische Befragung von der Kongressabgeordneten Elise Stefanik, einer Republikanerin aus einem Bezirk im Bundesstaat New York. Sie wollte wissen, warum die Präsidentinnen der University of Pennsylvania, von Harvard, des Massachusetts Institute of Technology und anderer großer Universitäten Aufrufe zum »Völkermord« dulden würden – worunter die Kongressabgeordnete jeden Studentenprotest versteht, der ein Ende des Apartheidregimes fordert, das den Palästinensern demokratische Rechte vorenthält.

Aber was sind die Referenzen von Frau Stefanik als Kämpferin gegen Antisemitismus? Sie ist eine bekannte Verfechterin der sogenannten »Bevölkerungsaustausch-Theorie«, wonach die Juden die Vernichtung der weißen Christen planen, um die Weltherrschaft zu übernehmen. Mit anderen Worten, sie ist eine ausgewiesene Antisemitin, im klassischen Sinne des Wortes.

Das Bündnis von Kräften der extremen Rechten mit dem israelischen Regime ist ein internationales politisches Phänomen. Wie ihr wisst, hat sich die Alternative für Deutschland (AfD), in der ein Politiker den Holocaust als »Vogelschiss« in der Geschichte abtut, dem Kreuzzug gegen den Antisemitismus angeschlossen. Und würde er noch leben, würde sich zweifellos auch der Führer anschließen.

Eine Delegation der ukrainischen Asow-Brigade, deren Kämpfer vielfach Nazi-Symbole als Tattoos tragen, besuchte im vergangenen Dezember Israel, um ihre Solidarität mit dem Netanjahu-Regime zu bekunden. All dies sind keine vereinzelten und abstrusen Zerrbilder ansonsten legitimer Bemühungen zur Bekämpfung des Antisemitismus. Vielmehr basiert die gesamte Kampagne auf einer Verfälschung der historischen Ursprünge und der politischen Funktion des Antisemitismus. Die aktuelle Kampagne steht für einen Prozess, den man als »semantische Umkehrung« bezeichnen könnte. Hierbei wird ein Wort auf eine Weise und in einem Kontext verwendet, die das genaue Gegenteil seiner eigentlichen und seit Langem akzeptierten Bedeutung sind.

Durch die schiere Kraft der Wiederholung, verstärkt durch alle dem Staat und den Leitmedien zur Verfügung stehenden Mittel, wird die Bedeutung eines Begriffs grundlegend verändert. Mit dieser Verfälschung soll das politische Bewusstsein der Bevölkerung herabgedrückt und ihre Fähigkeit zur Erkenntnis der Realität vernebelt werden.

Ein bezeichnendes Beispiel dafür, wie der Begriff »Antisemitismus« zur Verfälschung der Geschichte, zur Verzerrung der politischen Realität und zur Desorientierung des öffentlichen Bewusstseins verwendet wird, findet sich in der jüngsten Ansprache des redseligen Robert Habeck, Vizekanzler der Ampel-Regierung in Berlin. In einer Schlüsselpassage erklärte dieser politische Tartuffe:

> Sorge macht mir aber auch der Antisemitismus in Teilen der politischen Linken, und zwar leider auch bei jungen Aktivistinnen und Aktivisten. Antikolonialismus darf nicht zu Antisemitismus führen.

Kann jemand auch nur ansatzweise erklären, wie Antikolonialismus einen antisemitischen Charakter annehmen soll? Habeck weiter:

> Insofern sollte dieser Teil der politischen Linken seine Argumente überprüfen und der großen Widerstandserzählung misstrauen.[4]

In dieser Passage offenbart sich der zentrale Zweck der semantischen Umkehrung des Wortes Antisemitismus. Ein Phänomen, das historisch mit der politischen Rechten assoziiert wurde, wird in ein zentrales Attribut der politischen Linken umgewandelt. Der reaktionäre Zweck dieses Verfälschungsverfahrens zeigte sich in der politischen Vernichtung von Jeremy Corbyn in Großbritannien. Ich bin kein Anhänger von Herrn Corbyn, dessen auffälligste politische Eigenschaft das Fehlen eines Rückgrats ist. Aber ungeachtet all seiner opportunistischen Sünden ist der Vorwurf des Antisemitismus gegen Corbyn und seine Anhänger in der britischen Labour Party eine üble Verleumdung, die von seinen rechten Gegnern ausgeheckt wurde, um ihn politisch zu vernichten.

Ein weiteres, noch schmutzigeres Beispiel für diese Verleumdung ist die bösartige Hexenjagd auf Roger Waters. Ein Künstler, der sein Leben und Schaffen der Verteidigung der Menschenrechte gewidmet hat, wird in einer international orchestrierten Kampagne als Antisemit abgestempelt. Hier in Deutschland, in Frankfurt und Berlin, wurde versucht, seine Konzerte abzusagen. Und was ist die Motivation für seine Verfolgung? Roger Waters setzt sich für die demokratischen Grundrechte der Palästinenser ein und spricht sich gegen deren Unterdrückung aus.

Die völlige Entkopplung des Begriffs »Antisemitismus« von seiner eigentlichen historischen und politischen Bedeutung ist erreicht, wenn er gegen jüdische Menschen gerichtet wird, die zu Tausenden gegen die verbrecherische Politik des israelischen Regimes protestieren. Gegen sie wird ein besonders abscheulicher Ausdruck verwendet: »jüdischer Selbsthass«. Der Kern dieser Beleidigung besteht darin, dass Widerstand von Jüdinnen und Juden gegen die israelische Politik und gegen das gesamte zionistische Projekt nur als Ausdruck eines psychologischen Problems erklärt werden könne, einer pathologischen Ablehnung der eigenen Identität.

4 Robert Habeck, »Rede zur Situation in Israel«, in: *Süddeutsche Zeitung*, 2. November 2023, auf: https://www.sueddeutsche.de/politik/habeck-rede-wortlaut-antisemitismus-israel-deutschland-1.6297311.

Diese Diagnose geht davon aus, dass das Judentum als religiöse Identität vollständig im israelischen Staat und der nationalistischen Ideologie des Zionismus aufgeht. Die religiöse Zugehörigkeit eines Individuums – die im Leben des einen oder anderen jüdischen Menschen eine geringe oder gar keine besondere Rolle spielen mag – wird mit einer enormen metaphysischen Bedeutung aufgeladen.

Dieses ideologische Gebräu beruht nicht auf der Geschichte, sondern auf der biblischen Mythologie. Tatsächlich beruht die Legitimität des zionistischen Projekts auf der Behauptung, dass die Gründung Israels vor gerade einmal 75 Jahren die sogenannte »Rückkehr« des jüdischen Volkes nach 2000 Jahren Exil in die ihm »von Gott versprochene« Heimat seiner Vorfahren markiert.

Dieser mythologische Unsinn entbehrt jeder Grundlage in der historischen Realität. Mehr als 350 Jahre sind vergangen, seit Spinoza in seiner Abhandlung »Theologisch-politisches Traktat« die Behauptung widerlegt hat, der Pentateuch sei Moses von Gott diktiert worden. Die Bibel war das Werk vieler Autoren. Wie der Historiker Steven Nadler, eine Autorität in Sachen Spinoza, erklärt:

> Spinoza bestreitet, dass Moses die gesamte oder auch nur den größten Teil der Thora geschrieben hat. Die Verweise im Pentateuch auf Moses in der dritten Person, die Schilderung seines Todes und die Tatsache, dass einige Orte mit Namen benannt werden, die sie zur Zeit Moses' nicht trugen, machen »ohne jeden Zweifel deutlich«, dass die Schriften, die gemeinhin als »die fünf Bücher Mose« bezeichnet werden, in Wirklichkeit von jemandem geschrieben wurden, der viele Generationen nach Moses lebte.[5]

Ausgehend von seiner Missachtung der Autorität der Bibel erzürnte Spinoza die oberste Geistlichkeit der Rabbiner von Amsterdam weiter und provozierte seine Exkommunikation, indem er die für das Judentum als Religion und den Zionismus als politische Ideologie zentrale Behauptung leugnete, die Juden seien das »auserwählte Volk«. Nadler schreibt:

5 Steven Nadler, *Spinoza's Heresy: Immortality and the Jewish Mind*, Oxford 2001, S. 36.

> Wenn die Ursprünge und die Autorität der Heiligen Schrift heute in Zweifel gezogen werden, dann gilt das auch für ihre vollmundigen Behauptungen über die »Berufung« der Hebräer. Es ist »kindisch«, so Spinoza, wenn jemand sein Glück auf die Einzigartigkeit seiner Gaben gründet; im Falle der Juden wäre es die Einzigartigkeit ihrer Auserwähltheit unter allen Menschen. In der Tat übertrafen die alten Hebräer andere Völker weder in ihrer Weisheit noch in ihrer Nähe zu Gott. Sie waren den anderen Völkern weder geistig noch moralisch überlegen.[6]

Spinozas Abtrünnigkeit war durch den rasanten Fortschritt der Wissenschaft im 17. Jahrhundert geprägt und im philosophischen Materialismus verwurzelt. Er ebnete den Weg für die fortschrittlichsten und radikalsten politischen Tendenzen. Damit zog er den Zorn der rabbinischen Hüter der Orthodoxie auf sich. Die Exkommunikation Spinozas wurde in einer Sprache verkündet, die in ihrer Schärfe ohne Beispiel war. Die Exkommunikation lautete auszugsweise:

> Verflucht sei er bei Tag und verflucht sei er bei Nacht; verflucht sei er, wenn er sich niederlegt, und verflucht sei er, wenn er sich erhebt. Verflucht sei er, wenn er hinausgeht, und verflucht sei er, wenn er hereinkommt. Der Herr wird ihn nicht verschonen, sondern dann wird der Zorn des Herrn und sein Eifer über diesem Menschen rauchen, und alle Flüche, die in diesem Buch geschrieben sind, werden auf ihm liegen, und der Herr wird seinen Namen auslöschen unter dem Himmel.[7]

Obwohl Spinoza auf diese Weise gebrandmarkt wurde, konnte sein Name nicht ausgelöscht werden. Der Einfluss seiner ketzerischen Ideen hat Jahrhunderte überdauert und wesentlich zur Entwicklung des aufklärerischen Denkens – einschließlich der als Haskala bekannten jüdischen Aufklärung – und ihrer revolutionären politischen Folgen im 18., 19. und sogar 20. Jahrhundert beigetragen.

6 Ebd., S. 37.
7 Ebd., S. 2.

Die politische Theologie des heutigen Zionismus ist die extreme konterrevolutionäre Antithese und Zurückweisung der fortschrittlichen, demokratischen und sozialistischen Tradition, die sich aus dem an Spinoza und später am Marxismus angelehnten Denken von Generationen jüdischer Arbeiter und Intellektueller herleitet. Durch die Neuinterpretation des religiösen Mythos im Geiste eines extremen Nationalchauvinismus verleiht die zeitgenössische zionistische Theologie der Vorstellung des »auserwählten Volks« einen durch und durch rassistischen und faschistischen Charakter.

Die Tatsache, dass sich die israelische Regierung aus Parteien der extremen Rechten zusammensetzt, wird zwar weithin anerkannt, jedoch als nebensächliches Detail behandelt, das keinen besonderen Bezug zu den Ereignissen des 7. Oktober 2023 und der Reaktion des israelischen Staates hat. Der Einfluss einer apokalyptischen »Theologie der Rache«, die ausdrücklich die Vernichtung aller Feinde Israels fordert, auf die Politik der Netanjahu-Regierung wird in der politischen Berichterstattung über den Krieg praktisch nicht erwähnt.

Eine zentrale Figur in der Entwicklung der »Theologie der Rache« war Meir Kahane, der 1932 in Brooklyn geboren wurde und mittlerweile verstorben ist. Sein Vater, Rabbi Charles Kahane, war ein Freund und Mitarbeiter von Wladimir Zeev Jabotinsky, dem Führer eines erklärtermaßen faschistischen Flügels der zionistischen Bewegung. Meir Kahane wurde zunächst als Gründer der neofaschistischen Jewish Defense League (JDL) in den Vereinigten Staaten berüchtigt. Die JDL hatte es auf schwarze Organisationen in New York abgesehen, die Kahane als Bedrohung für die Juden verteufelte.

1971 siedelte Kahane nach Israel über und gründete die vehement antiarabische Kach-Partei. Seine Anhänger in den Vereinigten Staaten blieben aktiv. Die Workers League, die Vorgängerin der Socialist Equality Party in den Vereinigten Staaten, wurde 1978 zur Zielscheibe der JDL, als diese versuchte, in Los Angeles durch einen Bombenanschlag eine vom Internationalen Komitee organisierte Vorführung des Dokumentarfilms »The Palestinian« zu verhindern.

Kahanes Rolle und Einfluss in Israel wird in einem Essay mit dem Titel »Meir Kahane and Contemporary Jewish Theology of Revenge« analysiert, der 2015 erschien. Die Autoren sind zwei israelische Wissenschaftler, Adam und Gedaliah Afterman. Sie erklären, dass die Theologie Kahanes

> um die Behauptung kreiste, dass der Staat Israel von Gott gegründet wurde, als Racheakt gegen die Ungläubigen für deren Verfolgung der Juden, insbesondere für die systematische Ermordung der Juden während des Holocausts.[8]

Kahanes Kach-Partei forderte die Annexion aller Gebiete, die Israel im Krieg von 1967 erobert hatte, und die gewaltsame Vertreibung der palästinensischen Bevölkerung. Kahane wurde 1984 in die Knesset, das israelische Parlament, gewählt. Die Kach-Partei wurde bei den Wahlen von 1988 verboten, doch ihr Einfluss dauerte an, obwohl Kahane selbst im Jahr 1990 während einer Reise nach New York ermordet wurde.

Im Essay der Aftermans werden die drei Grundpfeiler von Kahanes Rachetheorie zusammengefasst.

Erstens:

> Das Volk Israel ist ein kollektives mythisches Wesen, das ontologisch in der Göttlichkeit verwurzelt ist und sich seit frühesten Tagen zusammen mit Gott einem mythischen Feind gegenübersieht. Dieser mythische Feind, »Amalek«, wird im Laufe der jüdischen Geschichte durch verschiedene tatsächliche Feinde verkörpert, und die verschiedenen Verfolgungen und Qualen, die die Juden im Laufe der Geschichte erlitten haben, sind Ausdruck ein und desselben mythischen Kampfes. Darüber hinaus gibt es einen ontologischen Unterschied zwischen der mythischen Nation Israel und den Ungläubigen, insbesondere den Feinden Israels. Der ontologische Unterschied zwischen der jüdischen und der nichtjüdischen Seele setzt den jüdischen Grundsatz außer Kraft, dass die gesamte Menschheit nach dem Bild Gottes geschaffen wurde. Der Glaube, dass Nichtjuden minderwertig seien und die dämonischen Mächte der Geschichte verkörpern, rechtfertigt tödliche Gewalt und Racheakte.

8 Adam und Gedaliah Afterman, »Meir Kahane and Contemporary Jewish Theology of Revenge«, in: *Soundings: An Interdisciplinary Journal*, Jg. 98, Nr. 2, Penn State 2015, S. 201.

Zweitens:

> ... Daher, so die Argumentation, trägt das Volk Israel eine religiöse Pflicht, alle erdenklichen Mittel einzusetzen, um sich an seinen gemeinsamen Feinden zu rächen und seinen gemeinsamen Stolz und Status zu rehabilitieren. Ob sie sich dessen bewusst sind oder nicht, die Palästinenser und andere Kräfte, die Israel bekämpfen, sind Teil eines mythischen, religiösen Kampfes, der die Zerstörung des Volkes Israel und seines Gottes zum Ziel hat. Aufgrund dieser Faktoren ist der Einsatz aller Mittel erlaubt, um die Feinde zu besiegen.

Drittens:

> Die Gründung des Staates Israel im Jahr 1948, kurz nach dem Holocaust, muss einem einzigen Zweck dienen: die erlösende Rache an den Ungläubigen zu ermöglichen. Die Gründung des modernen jüdischen Staates im historischen Land Israel ist eher ein Instrument, den Erlösungsprozess in Gang zu setzen, als ein Ergebnis oder ein Zeichen eines solchen Prozesses.[9]

Die drei Säulen zusammenfassend, erklären die Aftermans:

> ... Kahane argumentiert, dass die Ausübung von Rache an dem metaphysischen Feind »Amalek« (feindliche Ungläubige) von grundlegender Bedeutung ist, um Gott und sein Volk zu erretten, die beide infolge des Holocausts beinahe umgekommen wären. Die Gründung des jüdischen Staates mit seiner institutionalisierten Macht und militärischen Stärke sollte nach Kahanes Ansicht in den Dienst der Erlösung versprechenden Rache gestellt werden. Kahane geht so weit, dass er Racheakte auch an unschuldigen Menschen mit dem Argument rechtfertigt, sie gehörten zum mythischen Feind, der als Voraussetzung für die Erlösung Israels und seines Gottes ausgerottet werden müsse.

9 Ebd., S. 203.

> Seiner Ansicht nach ist der Verlust von unschuldigem Leben, wenn nötig, ein gerechtfertigtes Opfer.[10]

Kahane interpretierte die Doktrin des »auserwählten Volkes« so, dass sie jegliche Verbindung mit traditionellen westlichen Werten ausschloss. In seinem Buch »Or Hara'ayon« schrieb er:

> Dies ist ein jüdischer Staat. Er verneigt sich vor dem Judentum und widerspricht ihm nicht. Er handelt nach jüdischen Werten und jüdischen Geboten, auch wenn diese dem Völkerrecht und der Diplomatie widersprechen, auch wenn sie im Gegensatz zum normalen westlichen und demokratischen Lebensstil stehen; dies ist so, auch wenn es seine Interessen gefährdet und ihn von den zivilisierten Nichtjuden zu isolieren droht ... Die Aufgabe des Judentums ist es, getrennt, einzigartig, anders und auserwählt zu sein. Dies ist die Rolle des jüdischen Volkes und seines Instruments, des Staates ... Wir haben keinen Anteil an den normierten Werten der Nationen. Assimilation beginnt nicht mit Mischehen, sondern mit dem Kopieren und Übernehmen fremder Werte, fremder und nichtjüdischer Begriffe und Ideen.[11]

Kahanes Theorie der Rache wurde im Hebräischen mit dem Konzept dessen identifiziert, was er »Kiddusch Haschem« nannte. Er schrieb:

> Eine jüdische Faust im Gesicht einer verblüfften ungläubigen Welt, die sie seit zwei Jahrtausenden nicht mehr gesehen hat, das ist *Kiddusch Haschem*. Jüdische Herrschaft über die christlichen heiligen Stätten, während die Kirche, die unser Blut gesaugt hat, ihre Wut und Frustration erbricht – das ist *Kidusch* (sic) *Haschem*.[12]

Tatsächlich kann man Kahanes Kiddusch Haschem – trotz seiner halbherzigen Beschwörung einer angeblich einzigartigen jüdischen Philosophie – als eine hebräischsprachige Variante der Philosophie von Adolf

10 Ebd., S. 204.

11 Meir Kahane, *Or Hara'ayon* (The Jewish Idea), zitiert in: ebd., S. 205–206.

12 Meir Kahane, *Listen World, Listen Jew*, zitiert in: ebd., S. 207.

Hitlers »Mein Kampf« bezeichnen, wobei der Hauptunterschied darin besteht, dass Kahanes hasserfüllte und rassistische Hetzschrift auf Hebräisch von rechts nach links und nicht von links nach rechts geschrieben wurde.

Kahanes Einfluss blieb auch nach seiner Ermordung in dem zunehmend reaktionären politischen Umfeld Israels bestehen. Am 25. Februar 1994 ermordete einer von Kahanes Studenten, Baruch Goldstein, bei einem Anschlag auf eine Moschee in Hebron 29 Palästinenser und verwundete 150 weitere. Dieses Verbrechen wurde von Kahanes Anhängern gepriesen – darunter der äußerst einflussreiche Rabbiner Yitzchak Ginsburgh, der verkündete, dass der von Goldstein verübte Massenmord ein Akt des Kiddusch Haschem sei.

Was hat das nun mit heute zu tun? Itamar Ben-Gvir, der Führer der fremdenfeindlichen Partei Otzma Jehudit, ist jetzt Minister für nationale Sicherheit in Netanjahus Koalitionsregierung. Er war Mitglied der Kach-Partei, bevor diese verboten wurde. Er ist nach wie vor ein entschiedener Verfechter der faschistischen Theologie und Politik von Meir Kahane. Im April dieses Jahres hielt Ben-Gvir – flankiert von einem Sicherheitsdienst aus dem Büro des Ministerpräsidenten – eine Rede, in der er sowohl Kahane als auch Baruch Goldstein lobte.

Seit Beginn des Krieges kommt es immer häufiger vor, dass israelische Führer sich auf Kahanes Doktrin der Rache berufen. Letzten Monat erklärte Netanjahu in einer öffentlichen Rede: »Ihr müsst euch daran erinnern, was Amalek euch angetan hat, sagt unsere Heilige Bibel. Und wir erinnern uns.« Die Tragweite von Netanjahus Verweis auf Amalek wurde in einer Erklärung des israelischen Verteidigungsministers Yoav Gallant deutlich gemacht: »Wir kämpfen gegen menschliche Tiere, und wir handeln entsprechend. Wir werden alles eliminieren – sie werden es bereuen.« Seit Beginn des Krieges haben führende israelische Politiker zahlreiche Erklärungen gleichen Inhalts abgegeben, die in den genozidalen Taten der israelischen Regierung und des Militärs ihren Ausdruck gefunden haben.

Inmitten der Verbrechen, die das israelische Regime begeht, gibt es keine größere und heimtückischere Lüge als die Behauptung, dass Widerstand gegen den Zionismus antisemitisch sei und sein müsse. Diese Lüge wird durch die lange Geschichte der Opposition gegen den Zionismus vor 1948 widerlegt. Zigtausende jüdische Arbeiter und Intellektuelle leisteten diesen Kampf über mehrere Generationen hinweg und wiesen den auf einem Mythos beruhenden Aufruf zur Rückkehr nach Palästina zurück.

Die Opposition gegen den Zionismus wurde mit größter politischer Klarheit von der sozialistischen Bewegung zum Ausdruck gebracht, die den politisch reaktionären Charakter der Perspektive, einen jüdischen Staat in Palästina zu errichten, erkannte und verurteilte. Man verstand, dass dieses Projekt ein kolonialistisches Unterfangen war, das nur im Bündnis mit dem Imperialismus und auf Kosten der palästinensisch-arabischen Bevölkerung verwirklicht werden konnte, die seit 2000 Jahren in diesem Gebiet lebt.

Darüber hinaus strebte die große Mehrheit der Jüdinnen und Juden in ihrem Kampf gegen die traditionelle religiöse Verfolgung und den seit dem späten 19. Jahrhundert aufkommenden politischen Antisemitismus nach politischer und sozialer Gleichberechtigung innerhalb der Länder, in denen sie lebte. Vor allem in Deutschland war dies unverkennbar. Sie wollten Teil der Massenbewegung gegen Unterdrückung sein. Bei den politisch bewusstesten Teilen der jüdischen Jugend, der Arbeiter und Intellektuellen führte dieses Streben dazu, dass sie aktiv an der sozialistischen Bewegung teilnahmen.

Die heutige Behauptung, wonach der Zionismus der notwendige und wahre Ausdruck der jüdischen Identität sei, entbehrt jeder historischen Grundlage. Hinzu kommt, dass sich das Fortbestehen demokratischer Überzeugungen und das Mitgefühl für die Unterdrückten, das in der Erfahrung antisemitischer Vorurteile und Verfolgung wurzelt, in der großen Zahl jüdischer Jugendlicher zeigt, die sich an den Demonstrationen gegen den israelischen Angriff auf die Bewohner des Gazastreifens beteiligen.

Aller Propaganda zum Trotz wecken die Bilder der Massentötung wehrloser Palästinenser zwangsläufig historische und familiäre Erinnerungen an das Schicksal der Juden unter den Händen der Nazis. Der Krieg gegen die Bevölkerung des Gazastreifens ruft damit nicht nur ein Gefühl der Solidarität mit den Opfern der israelischen Gräueltaten hervor, sondern auch tiefen Zorn, dass die Tragödie des Holocausts für die Rechtfertigung dieses Krieges missbraucht wird.

Natürlich werden die Zionisten und ihre Apologeten behaupten, dass alles, was ich gesagt habe, nur ein Beweis für meinen eigenen tief verwurzelten Antisemitismus ist, den sie – wie ich bereits erklärt habe – als ein in der sozialistischen Bewegung weit verbreitetes Vorurteil bezeichnen.

Je weiter links jemand steht, je nachdrücklicher er oder sie sich gegen Kapitalismus und Imperialismus ausspricht, desto unversöhnlicher ist die Ablehnung des jüdischen Staates und damit der Antisemitismus dieser Person.

Diese Behauptung ist ebenso absurd wie politisch reaktionär. Nach mehr als einem halben Jahrhundert Aktivität in der sozialistischen Bewegung bin ich persönlich wahrhaftig nicht verpflichtet, auf die Behauptung zu antworten, dass ich oder meine Genossen in der trotzkistischen Bewegung Antisemiten seien. Wie man so schön sagt, spricht meine Laufbahn für sich selbst.

Doch leider trifft das nicht immer zu. Der Vorwurf des Antisemitismus erfordert, dass der politische Werdegang der angegriffenen Person ignoriert und verzerrt werden muss.

Daher werde ich zum ersten Mal auf diesen Vorwurf reagieren, indem ich meiner bekannten öffentlichen politischen Bilanz Informationen über meinen persönlichen Hintergrund hinzufüge. Da ich nun ein eher fortgeschrittenes Alter erreicht habe und in etwas mehr als einem Jahr meinen 75. Geburtstag feiern werde, halte ich die Zeit für gekommen, dies zu tun. Und zwar nicht, weil es irgendeine Wirkung auf die Verleumder haben würde, sondern weil es in meiner persönlichen Erfahrung Elemente gibt, die bei einer jüngeren Generation Widerhall finden und sie ermutigen könnten, ihren Kampf zur Verteidigung der Palästinenser und gegen alle Formen der Unterdrückung zu verstärken.

Der prägende Faktor in der Entwicklung eines jeden Menschen ist das soziale und politische Umfeld seiner Zeit, das ganz grundlegend durch die sozioökonomischen Strukturen der Gesellschaft, in die er hineingeboren wurde, bestimmt wird. Die Persönlichkeit eines Menschen wird durch das geformt, was Marx als »Ensemble der gesellschaftlichen Verhältnisse« bezeichnet hat. Aber diese gesellschaftlichen Verhältnisse werden durch persönliche Erfahrungen gebrochen, sowohl durch eigene als auch durch solche, die durch Familie, Freunde, Lehrer, Bekannte usw. vermittelt werden.

Ich bin ein Amerikaner der ersten Generation, geboren 1950. Der Ort meiner Geburt – ja, meine Existenz – wurde durch die Ereignisse bestimmt, die zum Zweiten Weltkrieg geführt hatten, der nur viereinhalb Jahre zuvor zu Ende gegangen war. Meine Eltern waren beide aus Europa geflohen, um der Verfolgung der Juden durch die Nazis zu entgehen. Meine Mutter Beatrice wurde am 18. Dezember 1913 in Wilmersdorf geboren – genau am selben Tag, an dem Herbert Frahm alias Willy Brandt geboren wurde. Das Wohnhaus, in dem sie zur Welt kam, steht noch heute in der Konstanzer Straße. Ihr Vater – mein Großvater – nahm eine bedeutende Stellung im kulturellen Leben Berlins ein. Sein Name war Ignatz Waghalter. 1881 in Warschau in eine sehr arme Musikerfamilie hineingeboren, machte sich Waghalter im Alter von 17 Jahren auf den Weg nach Berlin, um eine ordentliche musikalische Ausbildung zu erhalten.

Mein Großvater war das 15. von 20 Kindern. Von diesen 20 Kindern starben 13 im Kindesalter, vier davon an einem Tag während der Typhusepidemie von 1888. Von den 20 Kindern überlebten sieben – vier Jungen und drei Mädchen. Mein Großvater war von frühester Kindheit an musikalisch sehr begabt. Im Alter von sechs Jahren trat er bereits im Warschauer Zirkus auf. Im Alter von acht Jahren schrieb und komponierte er eine Revolutionshymne, die so beliebt war, dass die Polizei nach dem Namen und der Identität des rebellischen Musikers forschte. Die Polizei war reichlich schockiert, als sie feststellte, dass es sich um einen Achtjährigen handelte. Die Familie Waghalter hatte tiefe Wurzeln im revolutionären demokratischen Kampf des polnischen Volkes. Kürzlich entdeckte ich in einer Bibliothek einen revolutionären Marsch, den der Großvater meines Großvaters im Jahr 1848 komponiert hatte.

Mein Großvater wollte eine echte Ausbildung erhalten. Er wollte nicht nur ein Wandermusiker sein, er wollte in die musikalische Welthauptstadt Berlin ziehen und lernen, wie man ein richtiger Komponist wird. Im Jahr 1897 wurde er mittellos über die Grenze geschmuggelt. Er lebte unter großen Entbehrungen, als der große Geiger und Freund von Johannes Brahms, Joseph Joachim, auf ihn aufmerksam wurde. Auf Joachims Empfehlung wurde mein Großvater in die Akademie der Künste aufgenommen. Im Jahr 1902 wurde seine Sonate für Violine und Klavier mit dem begehrten Mendelssohn-Preis ausgezeichnet. Zwei Jahre später wurde Ignatz' jüngerer Bruder Wladyslaw, der ihm nach Berlin gefolgt war, mit demselben Preis für seine Leistungen als Geiger ausgezeichnet.

Nach dem Studienabschluss erhielt Ignatz eine Stelle als Kapellmeister an der Komischen Oper. Einige Jahre später folgte eine Berufung an das Essener Opernhaus. Der entscheidende Wendepunkt in seiner musikalischen Laufbahn kam jedoch 1912, als er zum Ersten Kapellmeister am neu erbauten Deutschen Opernhaus in der Bismarckstraße in Charlottenburg berufen wurde, heute als Deutsche Oper bekannt. Das ursprüngliche Gebäude wurde natürlich im Zweiten Weltkrieg zerstört und später wieder aufgebaut, befindet sich aber heute noch in derselben Straße. Wladyslaw Waghalter wurde zum Konzertmeister des neuen Opernhauses ernannt, das am 7. November 1912 mit einer Aufführung von Beethovens »Fidelio« eröffnet wurde. Trotz des lautstarken Widerstands von Antisemiten und zahlreicher Morddrohungen dirigierte Ignatz Waghalter die Uraufführung.

In den folgenden zehn Jahren behielt mein Großvater seine Position als Erster Kapellmeister am Deutschen Opernhaus. Drei seiner Opern, »Mandragola«, »Jugend« und »Sataniel«, wurden am Opernhaus uraufgeführt. Waghalter war bekannt dafür, dass er sich für die Opern von Giacomo Puccini einsetzte, dessen Musik ein auf Richard Wagner fixierter Musikbetrieb zuvor abgelehnt hatte. Waghalter dirigierte im März 1913 die deutsche Uraufführung von Puccinis »La fanciulla del West« (Das Mädchen aus dem goldenen Westen), bei der Puccini selbst anwesend war. Es war ein Triumph, der Puccinis Ruf als großer Komponist in Deutschland begründete.

Während seiner langjährigen Tätigkeit am Deutschen Opernhaus hatte Waghalter mit antipolnischen und antisemitischen Vorurteilen zu kämpfen. Obwohl er selbst keine religiösen Rituale pflegte und keine Synagoge besuchte, weigerte sich Waghalter – im Gegensatz zu vielen anderen jüdischstämmigen Dirigenten – zum Christentum zu konvertieren. Der Gedanke, seine Religion zu wechseln, um seine Karriere zu fördern und sich damit den antisemitischen Vorurteilen anzupassen, war ihm zuwider.

1914, bei Ausbruch des Ersten Weltkriegs, erhielt Waghalter ein Dirigierverbot, weil er im Russischen Reich geboren war, mit dem sich das kaiserliche Deutschland im Krieg befand. Proteste des opernbegeisterten Publikums in Charlottenburg führten jedoch zu seiner Wiedereinstellung.

Waghalter blieb am Deutschen Opernhaus, bis dieses 1923 inmitten der katastrophalen Inflationskrise in Konkurs ging. Er verbrachte ein Jahr in den Vereinigten Staaten als Leiter des New York State Symphony Orchestra. Anschließend kehrte er nach Deutschland zurück, wo er zum

Generalmusikmeister der Filmgesellschaft UFA ernannt wurde. Eine Rückkehr an die Städtische Oper, wie das reorganisierte und wiedereröffnete Deutsche Opernhaus damals hieß, war für ihn jedoch nicht möglich.

Die Machtergreifung Hitlers beendete seine Karriere und die seines Bruders als Musiker in Deutschland. Meine Mutter, damals noch keine 20 Jahre alt, hatte eine Vorahnung, dass das Dritte Reich Juden nicht nur die Karriere, sondern auch das Leben kosten könnte. Beatrice drängte ihre Eltern, Deutschland zu verlassen, ehe eine Flucht nicht mehr möglich sein würde. Sie folgten ihrem Rat und verließen Deutschland, reisten zunächst in die Tschechoslowakei und dann nach Österreich.

Meine Mutter, eine hochbegabte Musikerin, blieb in Deutschland. Sie trat dem Jüdischen Kulturbund bei und trat als Sängerin in jüdischen Privathäusern in ganz Deutschland auf. Im Jahr 1937 erhielt sie ein Visum für die Vereinigten Staaten. Es gelang ihr, Einreisevisa auch für ihre Eltern zu besorgen. Meine Großeltern trafen im Mai 1937 in New York ein. Schon wenige Tage nach ihrer Ankunft initiierte Ignatz ein Projekt von historischer Bedeutung: die Gründung des ersten klassischen Musikorchesters, das aus afroamerikanischen Musikern bestand.

Dieses radikale Projekt stieß in dem rassistischen Umfeld der damaligen Zeit auf erbitterten Widerstand. Waghalter lud häufig schwarze Musiker zu Proben in seine Wohnung ein. Dies führte dazu, dass eine Petition in Umlauf gebracht wurde, die von fast allen weißen Bewohnern des Appartementhauses unterzeichnet wurde und in der sie forderten, Waghalter aus der Wohnung zu werfen, falls er dieses Gebaren fortsetze.

Mein Großvater wurde von der afroamerikanischen Zeitung von Baltimore interviewt. Er drückte die Überzeugung aus, die ihn zur Gründung des Symphonieorchesters inspiriert hatte: »Musik, die stärkste Festung der universellen Demokratie, kennt weder Hautfarbe noch Glaube oder Nationalität.«

Trotz Waghalters immenser Bemühungen machte das reaktionäre Umfeld es unmöglich, das Orchester aufrechtzuerhalten. In den letzten zehn Jahren seines Lebens wurde Waghalter zusehends isoliert. Er verlor den Kontakt zu seiner Familie. Erst nach dem Krieg erfuhr er, dass sein Bruder Wladyslaw (der Deutschland nicht hatte verlassen können) 1940 nach einem Besuch im Gestapo-Hauptquartier plötzlich verstorben war. Seine Frau und eine Tochter kamen 1943 in Auschwitz ums Leben. In der Brandenburgischen Straße 43, der Adresse, an der mein Großonkel Wladyslaw gewohnt hatte, sind Stolpersteine eingelassen, die an das Leben und den Tod Wladyslaws und seiner Familie erinnern.

Glücklicherweise gelang einer Tochter Wladyslaws, Yolanda, die Flucht. Sie schaffte es nach Südamerika, lebte in Peru, wo sie erste Geigerin im Symphonieorchester von Lima wurde. Ihr Sohn Carlos, mein Cousin zweiten Grades, lebt heute in New Orleans, und wir sind, praktisch seit wir erwachsen sind, eng befreundet. Ignatz' Bruder Joseph starb im Warschauer Ghetto. Zwei der drei Schwestern kamen ebenfalls in Polen ums Leben. Nur sein ältester Bruder, der große polnische Cellist Henryk Waghalter, überlebte den Krieg. Mein Großvater starb unerwartet im April 1949 in New York, im Alter von 68 Jahren.

Während seines kurzen Exils in der Tschechoslowakei in den Jahren 1935–1936 schrieb mein Großvater seine Memoiren, die mit einem Bekenntnis seiner Ideale als Künstler schließen. Er wusste, dass die Nazis eine tödliche Bedrohung für die Juden darstellten, aber er gab seiner Überzeugung Ausdruck, dass die Verbrecher des Dritten Reiches nicht über das ethische und moralische Engagement des jüdischen Volks für Gerechtigkeit siegen würden. Waghalter gab zu, dass er noch nicht wusste, wo er Zuflucht finden würde. Und so beendete er seine Memoiren mit den Worten:

> Wo es auch immer sein sollte, überall möchte ich meiner Kunst und der Menschheit dienen, nach den Worten Moses: »Du bist hinausgegangen, um deinen Brüdern zu dienen.«[13]

Die Auffassung meines Großvaters von der jüdischen Ethik unterscheidet sich unverkennbar von derjenigen, die in der Netanjahu-Regierung und dem heutigen zionistischen Staat vorherrscht. Er wäre entsetzt und erschüttert, wenn er wüsste, was im Namen des jüdischen Volks getan wird. Es gibt keine größere Verleumdung, kein größeres Geschenk an die wahren Antisemiten, als das jüdische Volk mit den Verbrechen in Verbindung zu bringen, die gegenwärtig jeden Tag gegen das unterdrückte palästinensische Volk begangen werden.

13 Ignatz Waghalter, *Aus dem Ghetto in die Freiheit*, Marienbad (Mariánské Lázně) 1936, S. 146.

Die Geschichte von meines Großvaters Leben und seiner Beziehung zu der Katastrophe, die das europäische Judentum überrollt hatte, war ein ständiges Gesprächsthema in meinem Elternhaus. Meine Großmutter, Ignatz' Witwe, die wir Omi nannten, lebte bei uns. Ich verbrachte unzählige Stunden in ihrem Zimmer, wo sie mir vom Leben in Berlin erzählte, von den Freundschaften mit so vielen großen Künstlern, davon, dass Giacomo Puccini sie in den Hintern gekniffen hatte, von all den Freunden, die sie kannte, von den Schriftstellern und sogar von Wissenschaftlern wie Albert Einstein, der häufig in der Wohnung in der Konstanzer Straße zu Gast war. Gern spielte er dort mit seiner Geige in einem Streichquartett mit. Die Mitbewohner hatten nichts dagegen.

Die Geschichten meiner Großmutter wurden durch die Erzählungen meiner Mutter ergänzt, die ein besonders enges Verhältnis zu ihrem Vater gehabt hatte. Die meisten Geschichten wurden auf Deutsch erzählt, das bei uns zu Hause gleichberechtigt neben dem Englischen stand.

Zumindest in der Straße, in der ich wohnte, war das nicht ungewöhnlich. Viele unserer Nachbarn waren Flüchtlinge: Dr. Jakobius, Frau London, Frau Spitzer, Frau Rehfisch, Walter und Uschi Bergen, Dr. Hartmann und Dr. Gutfeld. Es gab noch andere, an deren Namen ich mich nicht erinnere, aber es war, als ob ein beträchtlicher Teil Charlottenburgs in einem Vorort von New York City neu entstanden wäre. Und dann waren da noch die vielen Freunde, die in anderen Teilen der Stadt lebten, aber häufig zu Besuch kamen: Greta Westman, Dela Schleger und Kurt Stern.

Viele der Gespräche, in denen das Leben in Berlin geschildert wurde, endeten mit dem Satz: »Und dann kam Hitler.« Das war das Ereignis, das alles veränderte. In meinem jungen Kopf führte das zu vielen Fragen. »Wie kam Hitler?« »Warum kam Hitler?« »Hat ihn jemand vor 1933 kommen sehen?« »Wann haben meine Großeltern und meine Mutter zum ersten Mal von Hitler gehört und erkannt, dass er kommen könnte?« Und schließlich die wichtigste Frage von allen: »Warum haben die Menschen Hitlers Kommen nicht verhindert?«

Das war eine Frage, auf die niemand, den ich kannte, eine vollständige und überzeugende Antwort hatte. Immerhin waren die Antworten, die ich zu Hause erhielt, in einigen Punkten hilfreich. Erstens wurden die Nazis eindeutig als rechtsgerichtete Bewegung gekennzeichnet. Die Trennlinie zwischen Gut und Böse verlief in meiner Familie also nicht zwischen

Deutschen und Juden, sondern zwischen links und rechts. Diese Trennung, so betonte meine Mutter, gab es nicht nur in Deutschland, sondern auf der ganzen Welt und natürlich auch in den Vereinigten Staaten. Gelegentlich schaute sie sich bestimmte amerikanische Politiker an und sagte: »Ich vertraue dieser Bande nicht.«

In diesem Punkt war meine Mutter besonders nachdrücklich. Sie hasste den Faschismus. Wenn sie eine bestimmte, besonders anstößige soziale und politische Haltung bemerkte oder ihr begegnete, bezeichnete sie die betreffende Person gern als einen »echten Faschisten«.

Sie war sich der Existenz von Antisemitismus in Deutschland vor Hitler durchaus bewusst. Solchen Tendenzen war sie schon vor Hitlers Aufstieg unter den Lehrern ihrer Schule begegnet. Aber über diese Tendenzen sagte sie oft, dass sie nie geglaubt hätte, dass sie sich zwangsläufig bis zum Massenmord entwickeln würden. Sie glaubte nicht an eine solche Unvermeidbarkeit. Außerdem hat sie nie eine Spur von Hass oder Bitterkeit gegenüber den Deutschen gezeigt. Sie war stolz darauf, dass ihre Kenntnisse der deutschen Sprache auch 60 Jahre nach ihrer Flucht aus Deutschland nicht verblasst waren.

Es sollte noch viele Jahre dauern, bis ich eine politisch überzeugende Antwort finden konnte, die erklärte, wie der Faschismus in Deutschland an die Macht gekommen war. Wie viele meiner Generation habe ich die Bürgerrechtsbewegung, die Ghettoaufstände und den Vietnamkrieg miterlebt. Die explosiven Ereignisse der 1960er Jahre regten mich zum Geschichtsstudium an und förderten mein Bedürfnis, aktuelle Ereignisse in einen größeren zeitlichen Rahmen einzuordnen. Darüber hinaus trieben mich die Wut über den nicht enden wollenden Vietnamkrieg und die stetig wachsende Desillusionierung über die Demokratische Partei und den amerikanischen Liberalismus weiter in Richtung Sozialismus. Dieser Prozess führte schließlich dazu, dass ich im Herbst 1969 erstmals die Schriften von Leo Trotzki entdeckte.

Ich vertiefte mich in das Studium seiner verfügbaren Schriften: seine monumentale »Geschichte der Russischen Revolution«, seine Autobiografie »Mein Leben«, »Der neue Kurs«, »Die Lehren des Oktober« und »Verratene Revolution«. Alle diese Werke bildeten die Grundlage für meine Entscheidung, mich der trotzkistischen Bewegung anzuschließen. Aber der Band, der mich am meisten beeindruckte, war eine Sammlung von Trotzkis Schriften, die dem Kampf gegen die Machtergreifung der Nazis zwischen 1930 und 1933 gewidmet waren.

Während dieser entscheidenden Jahre lebte Trotzki im Exil auf der Insel Prinkipo, vor der Küste Istanbuls. Das stalinistische Regime hatte ihn dorthin verbannt. Von dort, aus einer Entfernung von über 2000 Kilometern, verfolgte er die Ereignisse in Deutschland. Seine Artikel, seine Warnungen vor der Gefahr, die von Hitler und der Nazipartei ausging, sind in der politischen Literatur ohne Beispiel.

Trotzki erläuterte nicht nur das Wesen des Faschismus – seine Klassenbasis und seine wesentliche Funktion als Instrument des politischen Terrors gegen die sozialistische und die Arbeiterbewegung –, sondern er erklärte auch, wie die Nazis besiegt werden könnten. Er entlarvte die Politik der stalinistischen Kommunistischen Partei, der sogenannten Dritten Periode, die behauptete, dass Sozialdemokratie und Faschismus identisch seien. Dieser bankrotten ultralinken Politik setzte er den Aufruf zu einer Einheitsfront aller Parteien der Arbeiterklasse entgegen, um die faschistische Gefahr zu besiegen. Seine Warnungen wurden ignoriert. Der Stalinismus und der Verrat der Sozialdemokratie machten den Sieg der Nazis möglich.

Aber Hitlers Aufstieg zur Macht, die darauf folgende Katastrophe des Zweiten Weltkriegs und der Holocaust waren nicht unvermeidlich. Sie waren das Ergebnis des politischen Verrats der reformistischen und der stalinistischen Führung der Arbeiterklasse. Das zu verstehen, zu begreifen, was Faschismus war – und, wenn ich daran zurückdenke, die Erkenntnis, dass ich nur wenige Jahrzehnte nach all dem aufgewachsen war –, hatte eine tiefgreifende Wirkung auf mich. Die Überzeugung, dass es nie wieder Faschismus geben darf, und die Einsicht, dass es möglich ist, diesen politischen Horror zu besiegen, verpflichteten mich, in der sozialistischen Bewegung aktiv zu werden, insbesondere in jener politischen Organisation, die die größte Bedrohung der Menschheit richtig analysiert und eine Antwort darauf gegeben hatte.

Trotzki sah den Grund für den Aufstieg des Faschismus nicht in der deutschen Psyche, sondern in der historischen Krise des Kapitalismus und des Nationalstaatensystems. Hitler und das faschistische Regime stellten letztlich den verzweifelten Versuch des deutschen Kapitalismus dar, durch Krieg und Massenmord eine Lösung für die Schranken zu finden, die ihm durch das bestehende nationalstaatliche System auferlegt worden waren. Er war gezwungen, »Europa neu zu ordnen«. Aber dies war kein ausschließlich deutsches Problem. Die Krise hat den amerikanischen Imperialismus vor eine noch größere Herausforderung gestellt, die ihn bis heute beschäftigt: die Aufgabe, die Welt neu zu ordnen.

In späteren Schriften, die er nach Hitlers Machtübernahme verfasste, warnte Trotzki davor, dass dem europäischen Judentum durch den Sieg des Faschismus und den Ausbruch des Zweiten Weltkriegs die Vernichtung drohte. Diese Gefahr, so schrieb er, könne der Zionismus nicht abwenden, weil er eine nationale Lösung für ein Problem anstrebe, das in den globalen Widersprüchen des kapitalistischen Systems wurzelt.

Nach dem Sieg der Nazis betonte Trotzki, dass das Schicksal der Juden mehr denn je mit dem Schicksal des Sozialismus verbunden war. In einem Brief vom 28. Januar 1934 schrieb er:

> Die jüdische Frage ist nun, als Ergebnis des ganzen historischen Schicksals des Judentums, eine internationale Frage geworden. Sie kann nicht durch den »Sozialismus in einem Land« gelöst werden. Unter den gegenwärtigen Bedingungen der übelsten und niederträchtigsten antisemitischen Verfolgungen und Pogrome können und müssen die jüdischen Arbeiter revolutionären Stolz aus dem Bewusstsein schöpfen, dass die Tragik des jüdischen Volkes nur durch einen vollständigen und endgültigen Sieg des Proletariats überwunden werden kann.[14]

Diese Perspektive hat sich in der Geschichte bestätigt. Diejenigen, die behaupten, die Gründung Israels sei ein politischer Triumph gewesen, haben eine merkwürdige Vorstellung davon, was ein politischer Triumph ist. Die Schaffung eines Staates, der auf dem unverhohlenen Diebstahl von fremdem Boden beruht, der auf rein rassistischer Grundlage die demokratischen Grundrechte, die allen Bürgern zustehen sollten, verweigert, der Hass und Rache als Grundlage der Staatspolitik etabliert, der seine eigenen Bürger systematisch darauf abrichtet, die Menschen zu töten und zu quälen, denen er das Land gestohlen hat, und der sich zum meistgehassten Staat der

14 Leo Trotzki, »Die jüdische Frage ist nun eine internationale Frage«, 28. Januar 1934, in: Mario Keßler (Hrsg.), *Leo Trotzki oder: Sozialismus gegen Antisemitismus*, Berlin 2022, S. 137–138.

Welt gemacht hat – das kann kaum als »politischer Triumph« bezeichnet werden. Es ist eine politische Degradierung.

Der anhaltende Krieg hat trotz all seiner Schrecken eine wichtige politische Rolle gespielt. Er hat die Jugend wachgerüttelt. Er hat der Welt die Augen geöffnet. Er hat das zionistische Regime und seine imperialistischen Komplizen als die Verbrecher entlarvt, die sie sind. Er hat eine Flutwelle der Empörung in Bewegung gesetzt, die sich weltweit ausbreitet. Sie wird auch die Verantwortlichen für diesen Völkermord überschwemmen.

Aber die große Herausforderung, vor der unsere Bewegung steht, besteht darin, die Empörung mit einem revolutionären sozialistischen Programm zu verbinden, das die globale Arbeiterklasse in einem gemeinsamen Kampf gegen die imperialistische Barbarei vereinen kann. Unsere Bewegung – und nur unsere Bewegung – ist in der Lage, diese Herausforderung zu meistern. Sie verkörpert eine große politische Geschichte und eine große politische Erfahrung, die nun ein ganzes Jahrhundert umspannt. Es gibt keine andere Partei, die in einer Krise, wie wir sie jetzt erleben, ein Verständnis für ihre Dynamik und eine Perspektive vorlegen kann, um in die Situation einzugreifen und sie im Interesse der Arbeiterklasse zu ändern.

Auch wenn dieser Vortrag kein formeller Bericht über den 100. Jahrestag des Trotzkismus war, hoffe ich doch, dass er zum Verständnis dessen beigetragen hat, was die trotzkistische Bewegung ist und in welchem Verhältnis sie zu den aktuellen Kämpfen steht, mit denen wir konfrontiert sind.

Aaron Bushnell

Der Völkermord in Gaza und der Tod von Aaron Bushnell

Was sind die politischen Lehren?

Am 25. Februar 2024 beging der 25-jährige Aaron Bushnell vor der israelischen Botschaft in Washington Selbstmord. Kurz vor 13 Uhr gab er auf dem Weg dorthin per Live-Stream eine Erklärung ab:

> Ich bin Mitglied der United States Air Force im aktiven Dienst. Und ich werde mich nicht länger an einem Völkermord beteiligen. Ich bin im Begriff, einen extremen Akt des Protests zu vollziehen. Aber im Vergleich zu dem, was den Menschen in Palästina von ihren Kolonialherren angetan wird, ist es gar nicht extrem. Es ist das, was nach Entschluss unserer herrschenden Klasse künftig als normal gelten wird.

Vor der Botschaft angekommen, übergoss sich Aaron mit einer brennbaren Flüssigkeit und zündete sie an. Während ihn die Flammen einhüllten, rief er: »Free Palestine!« Ein Secret-Service-Beamter, der zum Ort des Geschehens gerufen worden war, richtete eine Waffe auf den jungen Mann und befahl ihm, sich auf den Boden zu legen. Weitere herbeigerufene Beamte setzten Feuerlöscher ein, um die Flammen zu ersticken. Aaron wurde in ein nahe gelegenes Krankenhaus gebracht, wo er sieben Stunden später, um 20:06 Uhr, seinen Brandverletzungen erlag.

Wie nicht anders zu erwarten, hat die Regierung Biden keine offizielle Stellungnahme zu diesem Selbstmord abgegeben. Präsident Biden, der ansonsten jede Rede mit den Worten »Möge Gott unsere Soldaten schützen« beschließt, brachte kein Wort über die Lippen, geschweige denn eine Äußerung des Bedauerns über den Tod von Aaron Bushnell, einem Mitglied der US-Luftwaffe.

Vortrag an der University of Michigan in Ann Arbor am 12. März 2024.

Die Verbündeten des israelischen Staates und die prozionistischen Medien haben das Ereignis größtenteils heruntergespielt und Aaron als einen Kranken hingestellt, dessen Selbstmord keine politische oder soziale Bedeutung hat.

Ganz anders hat die überwältigende Mehrheit der Weltbevölkerung reagiert. Bei Millionen lösten die Bilder die Gefühle aus, die man erwarten darf: Schock, Trauer und Mitgefühl. Der Tod eines jungen Mannes, überdies auf so schreckliche Weise, erschüttert jeden normal empfindenden Menschen.

Bei aller Trauer über den Tod von Aaron Bushnell und allem Respekt vor seinem Idealismus und seiner Aufrichtigkeit wäre es aber falsch, seinen Selbstmord zu rechtfertigen und zu loben oder einen solchen selbstzerstörerischen Akt des »extremen Protests« als wirksame Form des politischen Widerstands gegen den Völkermord in Gaza oder ganz allgemein gegen die Verbrechen des Imperialismus zu begrüßen.

Diejenigen, die Aarons Selbstmord gutheißen und damit direkt oder indirekt die Nachahmung nahelegen – darunter Cornel West –, verhalten sich nicht nur verantwortungslos. Sie tragen auch zur Demoralisierung und politischen Desorientierung der Opposition gegen den Völkermord in Gaza und gegen imperialistischen Krieg insgesamt bei. Sie setzen den ohnmächtigen Protest eines einzelnen Märtyrers dem Aufbau einer politisch bewussten Massenbewegung von Millionen entgegen, die notwendig ist, um sich der imperialistischen Barbarei und dem ihr zugrunde liegenden kapitalistischen System entgegenzustellen und beidem ein Ende zu setzen.

Diese Kritik werde ich gleich genauer erläutern. Doch zunächst möchte ich Aarons Tod in einen breiteren gesellschaftlichen Kontext stellen.

Die Umstände des Todes von Aaron waren natürlich außergewöhnlich. Aber Selbstmord an sich ist in den Vereinigten Staaten keine ungewöhnliche Todesursache. Diese wichtige Tatsache sollte man nicht übersehen.

Im Jahr 2021 war Selbstmord die elfhäufigste Todesursache in den Vereinigten Staaten. Insgesamt starben 48 183 Amerikaner durch Selbstmord. Es gab 1,7 Millionen Selbstmordversuche. Die altersbereinigte Selbstmordrate lag bei 14 von 100 000 Personen. Im Durchschnitt gab es 132 Selbstmorde pro Tag. Sicherlich kennen viele von euch Kommilitonen oder Freunde, die eine schwere persönliche Krise durchgemacht, sich vielleicht sogar das Leben genommen haben. Mehr als 69 Prozent der Selbstmordtoten im Jahr 2021 waren Männer mit weißer, 8,3 Prozent Männer mit anderer Hautfarbe. Unter Männern war die Zahl der Selbstmorde etwa viermal so hoch wie unter Frauen. Die höchsten Selbstmordraten sind bei Erwachsenen im Alter von 25 bis 34 und von 75 bis 84 Jahren zu verzeichnen.

Soldaten und Veteranen machen einen großen Teil der Selbstmordopfer in den Vereinigten Staaten aus. Der deutliche Anstieg der Selbstmorde unter Soldaten steht eindeutig im Zusammenhang damit, dass unser Land unaufhörlich Krieg führt.

Eine 2014 veröffentlichte Studie ergab, dass »die Selbstmordrate in den Jahren 2004/2005, 2006/2007 und 2008/2009 von 12,1 auf 18,1 bzw. 24,5 pro 100 000 Personenjahre im aktiven Dienst gestiegen ist«.[1] In der »Army Study to Assess Risk and Resilience in Service Members« (Armeestudie zur Bewertung von Risiko und Resilienz bei Angehörigen der Streitkräfte) wurde außerdem festgestellt, dass »das Selbstmordrisiko damit korreliert, dass man weiß und männlich ist, einen niedrigeren Dienstgrad hat, kürzlich degradiert wurde und aktuell oder früher im Einsatz war« – eine Beschreibung, die weitgehend auf Aaron Bushnell zutrifft.

Eine weitere Studie, die 2013 im »Journal of Affective Disorders« veröffentlicht wurde, berichtet von einem »dramatischen Anstieg der Selbstmorde« innerhalb der Air Force. Dort erreichte die Rate ihren höchsten Stand seit 27 Jahren.[2] Dieser Trend hat sich fortgesetzt. Im Jahr 2020 gab es 109 Selbstmorde von Angehörigen der Air Force. Enthalten in dieser Zahl sind aktive Soldaten, Reservisten und der Air Force angehörende Mitglieder der Nationalgarde. Im Jahr 2021 gab es 72 Selbstmorde, und 2022 waren es 91. In den ersten beiden Quartalen des Jahres 2023 meldete die Air Force 46 Selbstmorde. Es ist die häufigste Todesursache bei Angehörigen der Air Force.

1 Michael McCarthy, »Suicide rates double among US soldiers between 2004 and 2009, research shows«, auf: *BMJ*, 6. März 2014, DOI: https://doi.org/10.1136/bmj.g1987.

2 Craig J. Bryan, Bobbie Ray-Sannerud, Chad E. Morrow, Neysa Etienne, »Guilt is more strongly associated with suicidal ideation among military personnel with direct combat exposure«, in: *Journal of Affective Disorders*, Jg. 148, Nr. 1, 15. Mai 2013, S. 37–41, DOI: https://doi.org/10.1016/j.jad.2012.11.044.

Bei der Bewertung der Ursachen stellte die 2013 im »Journal of Affective Disorders« veröffentlichte Studie fest, dass »nur ein Viertel der aktiven Angehörigen der Air Force, die durch Selbstmord sterben, jemals in einem Kampfgebiet eingesetzt waren, und weniger als 7 % direkt Kampfhandlungen miterlebt haben«. Allerdings, so der Bericht weiter, bestehe bei Angehörigen der Air Force ein Zusammenhang zwischen »Gefühlen des Bedauerns, der Reue oder einem schlechten Gewissen« und Selbstmordgedanken. Zwar traten solche Gefühle vor allem bei denjenigen auf, die direkte Kampferfahrung hatten, aber es blieb ungeklärt, inwieweit sie auch bei größeren Teilen von Militärangehörigen vorhanden waren.

Dieser Faktor sollte bei der Bewertung des Selbstmords von Aaron Bushnell berücksichtigt werden. Das bedeutet nicht, den starken politischen Impuls und die politischen Ziele seiner Tat zu leugnen, sondern trägt zum Verständnis des breiteren sozialen Kontexts der Erfahrungen bei, die zu seinem Tod führten.

Das Nachrichtenportal »The Intercept« hat festgestellt, dass Aaron Bushnell auf Reddit unter dem Benutzernamen »acebush1« gepostet hat, und berichtet:

> Kurz bevor der Reddit-Nutzer acebush1 dem Militär beitrat, hatte er zu Beginn der Pandemie über seine finanziellen Schwierigkeiten berichtet. Am 19. März 2020 erkundigte sich acebush1, wie man Uber-Eats-Fahrer werden könne. Im darauf folgenden Monat bat er in einem Posting um finanzielle Hilfe: »HELP – Bekomme keine Förderung oder Arbeitslosenunterstützung, mir geht das Geld aus.«[3]

Im Mai 2020 schrieb sich Aaron für das Programm »Basic and Technical Training« der Air Force ein. Schließlich wurde er auf dem Luftwaffenstützpunkt Lackland in San Antonio stationiert. Bei der 531st Intelligence Support Squadron, die den Geheimdienst unterstützt, wurde er zu einem Spezialisten für Cyber-Abwehroperationen ausgebildet.

3 Nikita Mazurov, »Aaron Bushnell, Who Self-Immolated for Palestine, Had Grown Deeply Disillusioned With the Military«, auf: *The Intercept*, 28. Februar 2024, https://theintercept.com/2024/02/28/aaron-bushnell-reddit-fire-protest-israel-palestine/.

Im August 2020 repostete er laut »Intercept« ein Video eines Militärflugzeugs und fügte eine Überschrift hinzu, in der die Fähigkeiten der Air Force bewundert wurden. Seine Postings ließen jedoch erkennen, dass sich seine Einstellung gegenüber der Air Force und seine politischen Vorstellungen deutlich nach links verschoben hatten. Er äußerte Sympathie für einen Gefangenenstreik in Alabama und postete ein Meme-Bild von Max Stirner, dem anarchistischen Philosophen aus dem 19. Jahrhundert. »The Intercept« berichtet: »2023 veröffentlichte acebush1 einen Beitrag mit dem Titel ›Free Palestine‹ und verlinkte ein Video, auf dem Aktivisten die Drohnenfirma UAV Tactical Systems besetzten, die zum Teil von dem israelischen Rüstungsunternehmen Elbit Systems betrieben wird.«[4]

Im Juni 2023 schrieb acebush1:

> Ich halte bis zum Ende meines Vertrags durch, denn ich habe erst nach mehr als der Hälfte der Zeit gemerkt, was das für ein Riesenfehler war, und jetzt habe ich nur noch ein Jahr vor mir. Aber die Reue werde ich für den Rest meines Lebens mit mir herumtragen.[5]

Wir wissen bereits, dass diese Art von Reue ein großer Faktor für die Selbstmorde oder Selbstmordversuche unter Angehörigen der Air Force ist. Als Antwort auf die Frage eines Nutzers im Subreddit r/Airforce, ob Veteranen, wenn sie ihr Leben noch einmal von vorn beginnen könnten, sich noch einmal zum Dienst an der Waffe verpflichten würden, antwortete acebush1 laut dem Bericht des »Intercept«:

> Auf keinen Fall. Ich habe mich mitschuldig gemacht an der gewaltsamen Beherrschung der Welt, und dieses Blut werde ich nie von meinen Händen bekommen.[6]

Obwohl Aaron nach derzeitigem Kenntnisstand nicht direkt an Kampfhandlungen beteiligt war, fühlte er sich moralisch für die von den Ver-

4 Ebd.
5 Ebd.
6 Ebd.

einigten Staaten begangenen Verbrechen verantwortlich und teilte die Schuldgefühle, die in der im »Journal of Affective Disorders« zitierten Studie als wesentlicher Faktor für Selbstmorde unter Angehörigen der Air Force genannt werden.

Insoweit dieses Schuldgefühl zu Aarons Selbstmord beigetragen hat, zeugt es von seiner moralischen Integrität. Darüber hinaus zeigt es, dass der Tod von Aaron Bushnell auf einer ganz grundlegenden Ebene mit der bestehenden Gesellschaftsordnung verknüpft ist, d. h. mit der umfassenden Struktur wirtschaftlicher, politischer und ideologischer Unterdrückung und Kriminalität, die ihre Wurzeln im Kapitalismus hat. Alle Erklärungen für Aarons Tod, die nur auf seinen psychologischen Zustand abstellen, als ob sich der Einzelne isoliert von der Gesellschaft entwickeln würde, sind falsch. Die vorrangige und wesentliche Ursache für seinen Tod waren die äußeren Faktoren, die sich aus den sozialen und politischen Umständen ergaben. Das ist die wichtigste Tatsache in Bezug auf den Selbstmord von Aaron.

Warum kam Aaron zu dem Schluss, dass Selbstmord die unausweichliche und einzige Antwort auf die Verbrechen des israelischen Staates und seiner Sponsoren in der Biden-Regierung war? Warum hat er sich entschieden, einer eindeutig politischen Lage auf so individuelle Weise zu begegnen?

Wenn man dieser Frage nachgeht, treten die Tragödie von Aarons Tod und die sehr schwierigen Probleme der heutigen Gesellschaft deutlich hervor. Selbst die komplexesten gesellschaftlichen Probleme, die sich aus dem Geflecht der globalen wirtschaftlichen und politischen Beziehungen ergeben, durch Klasseninteressen vermittelt werden und alle Menschen auf dem Planeten betreffen, werden im Allgemeinen als individuelle Probleme erlebt und aufgefasst.

Der Grund für diese Neigung liegt nicht in persönlichen Fehleinschätzungen. Das Wesen des Kapitalismus – das sogenannte »private Unternehmertum« – verstärkt die Vorstellung, dass die Gesellschaft lediglich eine Ansammlung isolierter Individuen sei.

Es war Karl Marx, der bei der Ausarbeitung der materialistischen Geschichtsauffassung diese Vorstellung erstmals in Frage stellte und widerlegte. Er schrieb im Jahr 1845: »Aber das menschliche Wesen ist kein dem einzelnen Individuum inwohnendes Abstraktum. In seiner Wirklichkeit ist es das ensemble der gesellschaftlichen Verhältnisse.«[7]

Der individualistische Charakter des täglichen Lebens und das damit verbundene Gefühl der persönlichen Isolation und Entfremdung nimmt in Zeiten der politischen Reaktion wie der heutigen, in der die Bindungen der gesellschaftlichen Solidarität und Klassensolidarität erodieren, einen besonders bösartigen Charakter an. In einer Reihe von Artikeln aus dem Jahr 1912 definierte Jewgeni Preobraschenski – ein marxistischer Revolutionär, Bolschewik, wichtiger Vertreter der von Leo Trotzki geführten Linken Opposition und schließlich Opfer von Stalins Säuberungsaktionen – den Selbstmord als eine Form des »sozialen Mordes«, der von der Gesellschaft begangen wird und besonders häufig vorkommt, wenn der Klassenkampf unterdrückt wird.

Preobraschenski schrieb:

> Auch der hohe Prozentsatz an Selbstmorden in einer Epoche der Konterrevolution und der sozialen Unordnung lässt sich mit der hier erörterten Sichtweise leicht erklären. In einer aufblühenden Epoche schließen sich die Menschen enger zusammen, um gemeinsame Ziele zu erreichen, die Isolation des Einzelnen wird auf ein Minimum reduziert, und die mächtigen Kräfte des Kollektivs unterstützen den Einzelnen in seinem Leben und Streben. Ein völlig entgegengesetztes Bild ergibt sich in einer Epoche des Niedergangs, wenn alte Bindungen zerfallen und neue erst noch entstehen müssen, wenn die zentrifugalen Kräfte der Gesellschaft gegenüber den zentripetalen überwiegen. Das ohnmächtige Individuum, das der Gesellschaft gegenübersteht, verliert sein Gleichgewicht und geht bei der ersten Begegnung mit widrigen Umständen zugrunde, die es zu einer anderen Zeit nicht wesentlich berührt hätten.[8]

Preobraschenskis Analyse trägt dazu bei, das Zusammenwirken der persönlichen, sozialen und politischen Faktoren, die zu Aarons Selbstmord

7 Karl Marx, »Thesen über Feuerbach«, in: *MEW*, Bd. 3, Berlin 1969, S. 6.

8 E. A. Preobrazhensky, »The Right to Suicide«, 29. Juli 1912, in: *The Preobrazhensky Papers, Archival Documents and Materials*, Bd. 1, 1886–1920, Richard B. Day und Mikhail M. Gorinov (Hrsg.), Leiden 2014, S. 243–244.

führten, besser zu verstehen. Nach Informationen der »Washington Post« wuchs Aaron in einer religiösen Gemeinschaft in Orleans (Massachusetts) auf, die sich »Community of Jesus« nennt. Ehemalige Mitglieder werfen ihr Missbrauch vor, der bis Mitte der 1970er Jahre zurückreicht. Aaron hatte sich 2019 von dieser Gruppe losgesagt. Unter dem Druck finanzieller Probleme, die durch die Pandemie verschärft wurden, ging er schließlich zum Militär.

Doch schon bald fühlte er sich von der Kultur der Gleichgültigkeit und Brutalität abgestoßen. Er neigte nun eher linker Politik zu und suchte zunächst, wie so oft, Kontakt zu verschiedenen bürgerlichen Strömungen.

Zum Zeitpunkt des israelischen Angriffs auf Gaza hatte Aaron gerade erst begonnen, die politischen Implikationen seines Bruchs mit der Religion und dem reaktionären amerikanischen Nationalismus zu verarbeiten. Um die treffenden Worte von Preobraschenski zu entlehnen, Aarons »alte Bindungen« waren zerfallen, aber die neuen waren erst im Entstehen begriffen.

Und so versuchte Aaron, durch einen Akt individueller Selbstaufopferung dem Schrecken von Gaza ein Ende zu setzen. Er wusste nicht, wie er sein edles Ziel anders erreichen konnte. Sein persönliches Martyrium war ein Appell. Er sah keine andere Möglichkeit, seinen persönlichen Kummer und seine Empörung in wirkungsvolles Handeln umzusetzen. Aarons Entschluss, seinen persönlichen Protest durch die Beendigung des eigenen Lebens zum Ausdruck zu bringen, folgte aus der Unvollständigkeit seines Bruchs mit einer religiös geprägten Weltanschauung und aus dem Fehlen eines Verständnisses für die objektiven Widersprüche der kapitalistischen Gesellschaft, die nicht nur der kapitalistisch-imperialistischen Barbarei zugrunde liegen, sondern auch Klassenkonflikte erzeugen und das Potenzial für die sozialistische Weltrevolution bergen.

Auch für diese Beschränktheit von Aarons Entwicklung gilt, dass sie nicht rein persönlicher Natur war, sondern Ausdruck der vorherrschenden sozialen, politischen und weltanschaulichen Verhältnisse. Aaron wurde am Vorabend des 21. Jahrhunderts geboren, fast zehn Jahre nach der Auflösung der Sowjetunion – einer politischen und sozialen Katastrophe, hervorgegangen aus dem Verrat an den Kämpfen der Arbeiterklasse durch den Stalinismus, die Sozialdemokratie und die klassenkollaborierenden Gewerkschaften in den Vereinigten Staaten und international. In den

Vereinigten Staaten gab es praktisch keine bedeutsamen oder längeren Manifestationen eines organisierten Kampfs der Arbeiterklasse mehr. Aaron hatte in den ersten 20 Jahren seines Lebens keinen einzigen nennenswerten Streik erlebt.

Darüber hinaus ging die Unterdrückung des Klassenkampfs durch die mit der Demokratischen Partei verbündeten Gewerkschaftsbürokratien mit einer nahezu einhelligen Ablehnung des Marxismus durch die universitäre Intelligenz einher. Die historische Verbindung des Sozialismus mit der Arbeiterklasse wurde ebenso verworfen wie die Perspektive der sozialistischen Revolution. »Linke« Politik wurde in einer Weise umgedeutet, die nicht auf die entscheidende Frage der Gesellschaftsklasse, sondern auf verschiedene Formen der persönlichen Identität konzentriert war. Dies hat bis heute zur Folge, dass der Einfluss der reaktionären und demoralisierenden Einstellung des Individualismus gestärkt wird.

Es ist wichtig, Aarons Idealismus zu würdigen. Sein persönliches Opfer darf nicht vergessen werden. Doch um sein Andenken zu ehren, müssen aus seinem Tod die richtigen politischen Lehren gezogen werden. Deshalb ist es unsere Pflicht, alle Versuche, Aarons Selbstmord zu verherrlichen, aufs Schärfste zu kritisieren. Manche versteigen sich gar zu der Behauptung, dass der individuelle Märtyrertod eine wirksame Strategie und Taktik im Kampf gegen den vom israelischen Staat verübten Völkermord sei.

Ein besonders verstörender Versuch, Aarons Selbstmord zu rechtfertigen, ist der Aufsatz des Journalisten Chris Hedges mit dem Titel »Aaron Bushnell's Divine Violence« (Die göttliche Gewalt des Aaron Bushnell).[9] Er wurde von »Scheerpost«, »Consortium News« und anderen Online-Publikationen veröffentlicht. Dieser Essay ist eine Mischung aus religiösem Mystizismus, bürgerlichem Utopismus, politischer Desorientierung, Geschichtsfälschung und Verherrlichung des Irrationalismus.

Hedges definiert den Selbstmord in religiösen Begriffen, indem er eingangs kundtut, dass Bushnell mit seinem Tod »die Gewalt gegen das radikal Böse setzte«. Anstatt die gesellschaftlichen Klassen, wirtschaftlichen Interessen und geopolitischen Strategien zu benennen, die hinter dem Krieg stehen, löst Hedges ein reales sozioökonomisches Phänomen in

9 Chris Hedges, »Aaron Bushnell's Divine Violence«, auf: *Scheerpost*, 1. März 2024, https://scheerpost.com/2024/03/01/chris-hedges-aaron-bushnells-divine-violence/.

eine spirituelle Abstraktion auf: das »radikale Böse«, gemeinhin auch als »Teufel« bekannt. Auf dieser Grundlage verlagert Hedges die Verantwortung für den Krieg von den Regierungen, den Politikern und der gesellschaftlichen Klasse, in deren Interesse sie handeln, auf die Menschheit im Allgemeinen. Aaron Bushnell, so Hedges, »ist für unsere Sünden gestorben«. Daraus lässt sich nur schließen, dass die gesamte Menschheit für die Verbrechen des amerikanischen Imperialismus, der NATO und ihrer israelischen Verbündeten verantwortlich ist.

Nachdem er den Konflikt mystifiziert hat, malt sich Hedges aus, wie es wäre, das amerikanische Militär in eine Kraft des Guten zu verwandeln. Hedges stellt folgende Fragen:

> Sollte die US-Flotte in einer gerechten Welt nicht die israelische Blockade von Gaza durchbrechen, um Lebensmittel, Unterkünfte und Medikamente zu bringen? Sollten US-Kampfflugzeuge nicht eine Flugverbotszone über Gaza verhängen, um die Bombardierung zu beenden? Sollte Israel nicht ein Ultimatum zum Rückzug seiner Streitkräfte aus dem Gazastreifen gestellt werden? Sollten die Waffenlieferungen, die milliardenschwere Militärhilfe und die geheimdienstliche Unterstützung für Israel nicht eingestellt werden? Sollten nicht sowohl diejenigen, die Völkermord begehen, als auch diejenigen, die Völkermord unterstützen, zur Rechenschaft gezogen werden?
>
> Diese einfachen Fragen sind es, mit denen uns Bushnells Tod konfrontiert.

Als Antwort auf Hedges sei uns die Frage erlaubt: »In welcher Kirche, Synagoge oder Moschee sollen wir für die Verwirklichung dieser ›gerechten Welt‹ beten?« Die Fragen, die er stellt, sind nicht »einfach«. Sie sind einfach absurd. Warum sollte ein intelligenter, mit nur etwas Sinn für die politische Realität begabter Mensch solche Fragen stellen? Hedges' Fragen gehen von einer Welt aus, wie sie sich die Liberalen vorstellen: Alles wäre in bester Ordnung, wenn nur das »Böse« durch das »Gute« ersetzt würde. Das ist im Kern die Philosophie jeder Protestpolitik.

Aber die Fragen ergeben keinen Sinn. Warum sollte es in der »gerechten Welt«, die Hedges sich ausmalt, überhaupt Bedarf an Kriegsflugzeugen, Flugverbotszonen und Ultimaten geben? Hedges' »einfache Fragen«

ergeben nur dann einen Sinn, wenn man sich den US-Imperialismus als eine wandelbare und potenziell gute Kraft vorstellt. Israel hingegen wird als die Manifestation des reinen und unabänderlich Bösen aufgefasst. Die christlichen und bigotten Untertöne dieser Hypothese sind unverkennbar.

Um seinen moralischen Appell für einen wohlwollenden US-Imperialismus zu untermauern, behauptet Hedges, dass »die Koalitionsstreitkräfte nach dem ersten Golfkrieg 1991 im Nordirak intervenierten, um die Kurden zu schützen«. Hedges hat offenbar vergessen, dass der Golfkrieg von 1991 den Beginn der gewaltsamen Eruption des amerikanischen Imperialismus markierte, die mit der Auflösung der Sowjetunion einherging. Hunderttausende von Irakern wurden im Laufe dieses Krieges getötet. Die Ausrufung einer Flugverbotszone hatte nichts mit dem Schutz der Kurden zu tun. Die Maßnahmen, die Präsident Bush senior während der Invasion des Irak anordnete, wurden ausschließlich von seiner Einschätzung der taktischen Interessen der US-Armee diktiert.

Die übelsten Abschnitte in Hedges' Essay sind diejenigen, in denen er Bushnells »Selbstverbrennung« als »starke politische Botschaft« vehement unterstützt.

Hedges schreibt: »Es rüttelt den Betrachter aus der Schläfrigkeit auf. Es zwingt den Betrachter, seine Annahmen zu hinterfragen. Es fordert den Betrachter dringend zum Handeln auf. Es ist ein politisches Schauspiel oder vielleicht ein religiöses Ritual in seiner stärksten Form.«

Hedges' uneingeschränkte Befürwortung von Bushnells Selbstmord, mit der er sich nicht nur nachträglich zum Komplizen des Todes des jungen Mannes macht, sondern auch zum Anstifter künftiger Protestselbstmorde, beruht auf einer völligen Verdrehung der politischen Realität. Ausgehend von Hedges' Darstellung könnte man annehmen, dass Aaron vor dem Hintergrund Selbstmord beging, dass das Abschlachten der Bewohner von Gaza bei den Massen auf Gleichgültigkeit stieß und es keine Anzeichen für Widerstand gegen die Massentötung von Palästinensern gab. Was blieb Aaron also anderes übrig, als sein Leben zu opfern und sich in einem verzweifelten Versuch, ein gewisses Maß an Interesse für die Menschen in Gaza zu wecken, selbst furchtbare Gewalt anzutun?

Doch im Gegensatz zu der von Hedges erdachten und erfundenen Darstellung wurde der israelische Angriff mit Massenprotesten in der ganzen Welt beantwortet. Es gab unzählige Demonstrationen, an denen sich in einigen Fällen Hunderttausende beteiligten. Nicht zu vergessen, dass in vielen Fällen eine große Anzahl von Juden an den Protesten teilgenommen und diese sogar organisiert hat.

Wenn die Wirksamkeit der Proteste beschränkt blieb, so lag dies nicht an der Gleichgültigkeit der Öffentlichkeit, sondern am Fehlen einer politischen Perspektive und Strategie, auf die sich der Kampf gegen den Völkermord in Gaza und, allgemeiner, gegen die Vorbereitungen der imperialistischen Mächte auf einen dritten Weltkrieg und den Einsatz von Atomwaffen stützen kann.

Die Proteste blieben im Rahmen der bestehenden bürgerlichen Politik. Sie zielten nicht auf eine unabhängige politische Mobilisierung der Arbeiterklasse gegen die kapitalistische Herrschaft ab, sondern darauf, Druck auf die bürgerlichen Regierungen auszuüben, damit sie ihre Politik ändern.

Genau dies ist die politische Orientierung, die von Hedges vertreten wird. Er verweist auf frühere Fälle von Selbstverbrennungen – in Tunesien, Südvietnam und Tibet – als Beispiele für die Wirksamkeit ritueller Selbstmorde. »Diese individuellen Selbstaufopferungen«, schreibt er, »werden oft zu Kristallisationspunkten für den Massenwiderstand.«

Es stimmt natürlich, dass es Fälle gab, in denen ein solch dramatisches Ereignis Proteste ausgelöst oder verstärkt hat. Doch in keinem Fall haben rituelle Selbstmorde zu einer wirksamen Strategie für die revolutionäre Umgestaltung der Gesellschaft beigetragen. Tatsächlich betrafen zwei der drei von Hedges angeführten Fälle, in Südvietnam und Tibet, Selbstverbrennungen reaktionärer politischer Kräfte, die vom amerikanischen Imperialismus für seine Zwecke instrumentalisiert wurden.

So setzte beispielsweise 1963 die Selbstopferung des buddhistischen Mönchs Thích Quang Đuc eine Kette von Ereignissen in Gang, die von der Kennedy-Regierung genutzt wurden, um das Diêm-Regime zu stürzen – das als unfähig angesehen wurde, einen effektiven Kampf gegen Nordvietnam und die Nationale Befreiungsfront zu führen – und eine Militärjunta an die Macht zu bringen.

Was die Selbstverbrennungen in Tibet betrifft, so werden sie von den Interessen Washingtons geleitet, das die separatistische Bewegung als Waffe gegen China fördert. Diese Bewegung hat nichts auch nur im Entferntesten Fortschrittliches an sich. Im Falle Tunesiens, wo der Selbstmord eines jungen Arbeiters Massenproteste auslöste, sind zehn Jahre später dieselben politischen Kräfte, die in der ersten Protestwelle gestürzt wurden, wieder an der Macht.

Doch Hedges kann seine Begeisterung nicht im Zaum halten. Selbstverbrennungen, schreibt er, »sind Opfergeburten. Sie kündigen etwas Neues an. Sie sind die völlige Ablehnung aller Konventionen und herrschenden Machtsysteme in ihrer dramatischsten Form.«

Das ist nicht wahr. Sie sind nichts dergleichen. Je nach den Umständen können solche Protestaktionen darauf abzielen, eine personelle Veränderung des bestehenden Regimes herbeizuführen. Oder, und das ist der häufigere Fall, es soll Druck auf die Machthaber ausgeübt werden, damit sie ihre Politik ändern.

Die rituellen Selbstmorde sind nicht bewusst auf den Umsturz der bestehenden Eigentumsverhältnisse, die Zerschlagung des kapitalistischen Staates und seiner Institutionen und die Übertragung der Macht an die Arbeiterklasse gerichtet.

Im Gegenteil, sie sind im Grunde genommen mit der Perspektive des Sozialismus und der sozialistischen Revolution unvereinbar. Grundlage für das Programm der sozialistischen Revolution ist eine wissenschaftliche Analyse der sozioökonomischen Struktur der Gesellschaft. Die grundlegende Triebkraft der sozialen Revolution ist nicht unausgegorene und verzweifelte Wut, sondern das Verständnis der objektiven Widersprüche des kapitalistischen Weltsystems und die soziale Massenaktion, die sich vom Verständnis dieser Widersprüche leiten lässt.

Hedges jedoch lehnt ein rationales Verständnis der politischen Realität als wirkungslos ab. Er beruft sich auf den Theologen Reinhold Niebuhr, der von einem »erhabenen Wahnsinn in der Seele« spricht und behauptet, dass »nichts als ein solcher Wahnsinn den Kampf mit der böswilligen Macht und geistigen Niedertracht in hohen Positionen aufnehmen wird«.[10] Dies ist eine reine Verherrlichung des politischen Irrationalismus, der in Wirklichkeit eine Orientierung nach rechts und nicht nach links zum Ausdruck bringt. Rechte Politik ist eng mit irrationalen Gefühlen ver-

10 Reinhold Niebuhr, *Moral Man and Immoral Society*, New York 1960, S. 277.

knüpft. Wirklich fortschrittliches, linkes, sozialistisches Denken orientiert sich an wissenschaftlicher Erkenntnis.

Hedges schließt seinen Aufsatz mit der folgenden Erklärung:

> Göttliche Gewalt ist für eine korrupte und diskreditierte herrschende Klasse erschreckend. Sie entlarvt ihre Verkommenheit. Sie zeigt, dass nicht jeder von Angst gelähmt ist. Sie ist ein Weckruf zum Kampf gegen das radikal Böse. Das war die Absicht von Bushnell. Mit seinem Opfer spricht er das Bessere in uns an.

Der Aufsatz von Hedges zeigt den Pessimismus, den intellektuellen Bankrott und den zutiefst reaktionären Charakter der pseudolinken Mittelschicht, d. h. der ideologischen Vorstellungen, die im Allgemeinen an den Universitäten vorherrschen.

1940 traf Leo Trotzki im Zuge eines parteiinternen Kampfs gegen eine antimarxistische Tendenz, die in der amerikanischen Sektion der Vierten Internationale entstanden war, die Feststellung, dass die größte soziale Revolution der Geschichte – die Eroberung der Macht durch die russische Arbeiterklasse im Oktober 1917, ein weltbewegendes Ereignis – von der Partei angeführt wurde, deren Arbeit nicht mit dem Werfen von Bomben, sondern mit der Verteidigung und Ausarbeitung der dialektisch-materialistischen Theorie begonnen hatte.

Trotzki verwies auf den langen Kampf, den die russischen Marxisten seit den 1880er Jahren gegen die terroristischen Methoden der russischen Volkstümler geführt hatten. Damals polemisierten die Marxisten gegen Terroranschläge auf Staatsbeamte. Diese Praxis unterschied sich in vielerlei Hinsicht vom Selbstmord, der zu dieser Zeit von keiner ernsthaften politischen Strömung befürwortet wurde. Doch wesentliche Aspekte der Argumente gegen Terroranschläge sind für die Ablehnung des von Hedges propagierten Selbstmords als »politisches Schauspiel« durchaus relevant.

Das Hauptproblem besteht darin, dass mit der Politik des Terrorismus die Massenaktion der Arbeiterklasse durch die heroische Tat eines Einzelnen ersetzt wird. Auch wenn sich Terroranschläge gegen ein Staatsoberhaupt richteten, konnten sie keine radikale Veränderung der Gesellschaft bewirken. Ein Tyrann würde durch einen anderen Tyrannen ersetzt werden. Anstatt das politische Bewusstsein der Massen zu heben, wurden sie durch die Terroranschläge zu passiven Beobachtern des Konflikts zwischen Attentätern und Polizeibehörden degradiert.

Abschließend möchte ich an einen tragischen Vorfall erinnern, der sich am Vorabend des Zweiten Weltkriegs, im November 1938, ereignete.

Der 17-jährige Herschel Grynszpan, ein in Polen geborener jüdischer Einwanderer, der in Paris lebte, ermordete einen Nazi-Diplomaten der deutschen Botschaft namens Ernst vom Rath. Der Anschlag war nicht sorgfältig vorbereitet. Die anschließenden Ermittlungen ergaben, dass Grynszpan aus Wut über die Verfolgung der Juden durch die Nazis und das Leiden seiner eigenen Familie zur deutschen Botschaft gegangen war, um sich zu rächen. Er hatte keine bestimmte Person als Ziel ausgewählt. Er hatte keine politische Erfahrung. Grynszpan erschoss den ersten Beamten, der ihm über den Weg lief, und vom Rath hatte das Pech, dass es ihn traf.

Das Attentat hatte weitreichende und üble Folgen. Das Hitlerregime nutzte den Anschlag aus, um die gewaltsamen Angriffe auf die deutschen Juden zu verschärfen. Nur wenige Stunden nach vom Raths Tod am 9. November 1938 zettelten die Nazis das antijüdische Pogrom an, das sie als »Kristallnacht« bezeichneten.

Grynszpan, der an Ort und Stelle verhaftet worden war, wurde mit wüsten Beschimpfungen überhäuft – nicht nur von den Faschisten, sondern auch von der »linken« Volksfrontregierung in Frankreich, die von der stalinistischen Kommunistischen Partei unterstützt wurde. Sie warf dem Jugendlichen vor, die Beziehungen zwischen Frankreich und Deutschland zu untergraben und die linke Regierung zu schwächen.

Die Einzigen, die ihre Stimmen zur Verteidigung von Grynszpan erhoben, waren Leo Trotzki und seine Anhänger in Frankreich. Trotzki verteidigte Grynszpan in einem großartigen Essay gegen seine Verfolger. Zugleich lehnte er die von dem jungen Mann gewählte terroristische Methode klar ab. Er nahm Stellung zu einem politischen Attentat auf einen faschistischen Beamten, nicht zu einem Selbstmord. Dennoch ist Trotzkis Kritik an Grynszpans Tat, die dieser mit dem Leben bezahlte, auch heute noch von großer Bedeutung. Trotzki verstand den Hass des Jugendlichen auf den Vertreter des Faschismus und die Verzweiflung, die er empfand.

Er wurde jedoch seiner Verantwortung als revolutionärer Führer gerecht und riet der Jugend dringend davon ab, Grynszpans Tat nachzuahmen. Er schrieb, und dieser Aufsatz war zu seiner Zeit einzigartig:

> Vom moralischen Standpunkt – und nicht hinsichtlich seiner Aktionsmethoden – kann Grynszpan jedem jungen Revolutionär als Vorbild dienen. Unsere moralische Solidarität mit Grynszpan gibt uns ein besonderes Recht, allen noch kommenden Grynszpans und all denen, die sich im Kampf gegen den Despotismus und die Bestialität zu opfern fähig sind, zuzurufen: Findet einen anderen Weg! Nicht der isolierte Rächer, sondern nur eine große revolutionäre Massenbewegung, die von dem System der Klassenausbeutung, von nationaler Unterdrückung und Rassenverfolgung nichts bestehen lassen wird, kann die Unterdrückten befreien.
>
> Die beispiellosen Verbrechen des Faschismus erzeugen einen völlig gerechtfertigten Rachedurst. Doch die Menge dieser Verbrechen ist so ungeheuerlich, dass dieser Durst nicht durch den Mord isolierter faschistischer Bürokraten gestillt werden kann. Dazu müssen Millionen, zehn und hunderte Millionen Unterdrückter in der ganzen Welt mobilisiert und zum Ansturm gegen die Grundlagen der alten Gesellschaft geführt werden. Nur der Sturz aller Formen der Versklavung, die völlige Vernichtung des Faschismus, nur die Ausübung der schonungslosen Justiz des Volkes gegen die zeitgenössischen Banditen und Gangster können der Empörung des Volkes eine wirkliche Genugtuung verschaffen. Genau das ist die Aufgabe, die sich die Vierte Internationale gestellt hat. Sie wird die Arbeiterbewegung von der Plage des Stalinismus säubern. Sie wird in ihren Reihen die heroische Generation der Jugend vereinigen. Sie wird einen Weg bahnen zu einer edleren und menschlichen Zukunft.[11]

Diese Worte finden in unserer Zeit ein Echo und fassen – bei allen Unterschieden – die politischen Lehren zusammen, die aus dem tragischen Tod von Aaron Bushnell gezogen werden sollten.

Ich wende mich an diejenigen unter euch, die wirklich kämpfen wollen, die empört und entsetzt sind über das, was wir jeden Tag sehen, die wissen, dass in diesem Moment Kinder und sogar Säuglinge in Gaza sterben,

11 Leon Trotsky, »For Grynszpan«, in: *Socialist Appeal*, Jg. 3, Nr. 7, 14. Februar 1939, S. 4, in deutscher Sprache auf: https://www.marxists.org/deutsch/archiv/trotzki/1939/02/grynspan.htm.

kein Trinkwasser bekommen, nichts zu essen haben und unter völlig unmenschlichen Bedingungen leben, und die mit Empörung und Entrüstung erleben, wie der Präsident der Vereinigten Staaten all dies rechtfertigt und sogar sagt: »Wir dürfen nicht weitere 30 000 Tote im Gazastreifen zulassen – vielleicht 5000, vielleicht 10 000, 15 000, aber nicht 30 000.« Das findet selbst Biden zu viel.

Diejenigen unter euch, die von all dem angewidert sind – welche politischen Schlussfolgerungen werdet ihr daraus ziehen? Was ist notwendig, um all dem ein Ende zu setzen? Keine individuellen Racheakte, keine persönlichen Akte der Selbstaufopferung, sondern eine Hinwendung zu der einzigen gesellschaftlichen Kraft, die aufgrund ihrer objektiven Rolle im kapitalistischen Produktionsprozess, ihrer Stellung zu den Produktivkräften, ihrer potenziellen wirtschaftlichen Macht und ihres globalen Charakters die Fähigkeit hat, den Kapitalismus in die Knie zu zwingen und damit die Grundlagen des Militarismus zu zerstören.

Das ist die Aufgabe, die sich unsere Partei, die Socialist Equality Party, gestellt hat und an der wir arbeiten: durch die Veröffentlichung der »World Socialist Web Site«, durch die Aktivitäten der International Youth and Students for Social Equality und mit der Kandidatur von Joseph Kishore für das Amt des Präsidenten der Vereinigten Staaten und von Jerry White für das Amt des Vizepräsidenten. Wir nutzen diese Kampagne, um Arbeiter, Jugendliche und Studierende für die Kämpfe, die ausbrechen werden und ausbrechen müssen, auszubilden und politisch vorzubereiten, um sie in die Lage zu versetzen, an den Kämpfen der Arbeiterklasse teilzunehmen und sie anzuführen und dieser mächtigen kommenden Bewegung eine wirklich revolutionäre Perspektive zu vermitteln.

Setzt also eure Wut und Empörung in wirkungsvolles politisches Handeln um, in die Entschlossenheit, die marxistische Theorie zu meistern, euch die Lehren aus der Geschichte anzueignen und euch mit den großen revolutionären Kämpfen des letzten Jahrhunderts vertraut zu machen.

Und ich sage das mit einer gewissen Dringlichkeit, denn es bleibt nicht mehr viel Zeit. Wie ihr den Nachrichten entnehmen könnt, wird eifrig über eine Intervention der NATO in der Ukraine diskutiert. Biden und seine Kollegen und Mitverschwörer in der NATO spielen Russisch Roulette mit der Gefahr eines Atomkriegs. Sie haben bereits unter Beweis gestellt, dass ihnen ein Massensterben gleichgültig ist: durch ihre Haltung gegenüber Covid, durch die Art und Weise, wie sie für die globalen strategischen Interessen Amerikas das Leben von Hunderttausenden Ukrainern geopfert haben und durch ihre Bereitschaft, den Einsatz von Atomwaffen als akzeptable Form militärischer Auseinandersetzungen zu betrachten.

Wir sind mit großen politischen Fragen und Herausforderungen konfrontiert. Sie können gelöst werden. Aber um sie zu lösen, müssen wir eine revolutionäre Partei aufbauen. Diese Partei muss die großen Massen der Arbeiterklasse für sich gewinnen. Das ist die grundlegende, fundamentale Lehre, die wir aus dem Tod von Aaron Bushnell und aus dem Verständnis der Krise unserer Zeit ziehen müssen.

Cover der türkischen Ausgabe von »Leo Trotzki und der Kampf für Sozialismus im 21. Jahrhundert«

Leo Trotzki: »Ein Mann seiner Zeit, der Zeit voraus, und heute ein Mann unserer Zeit«

Ich bin dankbar, dass ich heute die Gelegenheit habe, mein Buch »Leo Trotzki und der Kampf für Sozialismus im 21. Jahrhundert« vorzustellen. Erlauben Sie mir, meinen Dank den Organisatoren der Istanbuler Buchmesse für die ausgezeichnete Einrichtung auszusprechen, die für diese Präsentation zur Verfügung steht, sowie meinen Genossen von der Sosyalist Eşitlik Grubu für die Übersetzung meines Buchs ins Türkische, ohne die diese Präsentation natürlich nicht möglich wäre.

Mein Buch besteht aus mehreren Essays und Vorträgen, die über einen Zeitraum von 40 Jahren entstanden sind. Der erste Teil besteht aus vier Texten vom Herbst 1982. Den Schluss bildet ein Beitrag, den ich erst vor sieben Monaten, im April 2023, verfasst habe. Als die ersten Aufsätze geschrieben wurden, war ich ein vergleichsweise junger Mann mit erst zehn Jahren Erfahrung in der revolutionären sozialistischen Bewegung. Das letzte Dokument ist das Werk einer Person, die – zu meiner eigenen Verwunderung – das biblische Alter von 70 Jahren überschritten hat und seit über einem halben Jahrhundert in der Vierten Internationale aktiv ist.

Obwohl zwischen dem ersten und letzten Kapitel viele Jahre liegen, sind sie durch den zentralen, im Vorwort ausgeführten Gedanken miteinander verbunden,

> dass Leo Trotzki in den ersten vier Jahrzehnten des 20. Jahrhunderts die bedeutendste Figur in der Geschichte des Sozialismus war und sein Vermächtnis bis heute die unverzichtbare theoretische und politische Grundlage des fortdauernden Kampfs für den Sieg des Weltsozialismus

David North auf der Istanbuler Buchmesse zur türkischsprachigen Ausgabe von »Leo Trotzki und der Kampf für Sozialismus im 21. Jahrhundert« am 5. November 2023.

> bildet. Diese Einschätzung von Trotzkis Platz in der Geschichte und seiner bleibenden politischen Bedeutung wurde durch die Ereignisse der letzten vierzig Jahre eindrucksvoll bestätigt.[1]

Liest man heute erneut diese Anfang des Jahres geschriebenen Zeilen, so fällt auf, dass die schrecklichen Ereignisse, die sich gegenwärtig vor den Augen der Welt in Gaza abspielen, diese Einschätzung voll und ganz bestätigen. Eine eingesperrte Bevölkerung in einem Gebiet, das nur knapp 40 Kilometer lang und zwischen 8,5 und 13 Kilometern breit ist, wird von einer Armee unter Leitung des kriminellen Regimes des israelischen Staates in Schutt und Asche gebombt. Auf eine wehrlose Bevölkerung von 2,3 Millionen Menschen werden tonnenschwere Bomben abgeworfen und mit weißem Phosphor versetzte Munition abgefeuert. Weder alte Menschen noch Kinder, nicht einmal Säuglinge werden verschont. Gezielt werden Krankenhäuser und Schulen angegriffen. Und dies alles geschieht mit der uneingeschränkten Unterstützung aller imperialistischen Regime der Welt. Die heuchlerischen selbsternannten Verfechter der Menschenrechte in Washington, London, Paris und Berlin haben das Wort »Waffenstillstand« aus ihrem politischen Vokabular gestrichen. Nichts darf unternommen werden, um das Töten von Palästinensern zu stoppen.

Auf der ganzen Welt demonstrieren Millionen arbeitender Menschen und Jugendlicher gegen den völkermörderischen Krieg, den der israelische Staat und seine imperialistischen Zahlmeister gegen die Bevölkerung von Gaza führen. Die Menschen sind fassungslos über die Komplizenschaft ihrer Regierungen an diesem historischen Verbrechen. Wie ist das zu erklären, geschweige denn zu rechtfertigen?

Aber was sie erleben, sind die politischen Ausdrucksformen einer Epoche, die Leo Trotzki vor 85 Jahren als »Todeskampf des Kapitalismus« bezeichnet hat. Es ist eine Epoche der »Erschütterungen, Krisen, Katastrophen, Epidemien und Bestialitäten«, wie er schrieb. In dem Maße, wie sich die Klassengegensätze zwischen den herrschenden Eliten und der Arbeiterklasse verschärfen, verschwinden alle »elementaren Moralvorschriften« aus dem Sprachschatz der Staatspolitik. »Lügenhaftigkeit,

1 David North, *Leo Trotzki und der Kampf für Sozialismus im 21. Jahrhundert*, Essen 2024, S. 7.

Verleumdung, Bestechung, Käuflichkeit, Zwang und Mord [nehmen] ungeahnte Ausmaße an.«[2]

Trotzki schrieb diese Worte nicht als Moralist, sondern als Revolutionär. Im Gründungsdokument der Vierten Internationale, das 1938 am Vorabend des Zweiten Weltkriegs entstand, warnte er:

> Ohne eine sozialistische Revolution, und zwar in der nächsten geschichtlichen Periode, droht der gesamten menschlichen Kultur eine Katastrophe.[3]

Die Ereignisse der darauffolgenden sechs Jahre bestätigten seine Warnungen. Die Tatsache, dass der Krieg nicht zur völligen Auslöschung der Zivilisation führte, widerlegte Trotzkis Perspektive in keiner Weise. Die ersten Atombomben waren erst 1945 einsatzbereit. Angesichts der technologischen Entwicklung des letzten Dreivierteljahrhunderts ist die von Trotzki vorhergesehene Katastrophe heute zur unmittelbar drohenden Gefahr geworden.

Und damit sind wir bei der zentralen Aussage meines Buches. Die heutige Welt ist von denselben wirtschaftlichen, sozialen und politischen Widersprüchen zerrissen, die Trotzki zu seinen Lebzeiten analysiert hat. Wir leben in einer Welt, die Trotzki sofort wiedererkennen würde. Er wäre natürlich erstaunt über den enormen technischen Fortschritt, aber die Triebkräfte, die in den globalen Wirtschaftskrisen, dem neuen Ausbruch des imperialistischen Militarismus und der Verschärfung des globalen Klassenkampfs wirksam werden, würde er sehr gut verstehen.

Von allen großen politischen Persönlichkeiten des vergangenen Jahrhunderts ist Trotzki insofern einzigartig, als sein Werk eine außerordentliche Aktualität besitzt. In dem Maße, in dem Trotzki alle anderen politischen Zeitgenossen (mit der einzigen Ausnahme von Lenin) überragte, kann man sagen, dass er seiner Zeit voraus war. Die objektiven Bedingungen – insbesondere nach der Niederlage der deutschen Revolution 1923 und dem Tod Lenins 1924 – waren nachteilig für ihn und die von ihm vertretene politische Strömung und Programmatik.

2 Leo Trotzki, »Ihre Moral und unsere«, in: *Fragen des Alltagslebens*, Essen 2023, S. 222.

3 Leo Trotzki, *Das Übergangsprogramm*, Essen 1997, S. 84.

Trotzkis Lebensweg, sein Aufstieg zur Macht als Mitanführer der Oktoberrevolution von 1917, seine anschließende Entmachtung in der Sowjetunion zwischen 1923 und 1928 und schließlich sein Exil und seine Ermordung im Jahr 1940 – dies alles war von verschiedenen Etappen der sozialistischen Weltrevolution bestimmt und spiegelte sie wider. Keine andere Persönlichkeit der modernen Geschichte hat die revolutionäre Dynamik der Epoche so gut verstanden, keine hat sie vom Standpunkt der Interessen der internationalen Arbeiterklasse aus so bewusst zum Ausdruck gebracht.

Die tieferen sozioökonomischen Prozesse und die Fragen der politischen Perspektive, mit denen sich Trotzki beschäftigte, sind auch diejenigen unserer heutigen Zeit. Isaac Deutscher hat im Titel seiner dreibändigen Trotzki-Biografie (»Der bewaffnete Prophet«, »Der unbewaffnete Prophet«, »Der verstoßene Prophet«) einprägsam das Bild eines Propheten beschworen. Gegen die Verwendung der biblischen Metapher mag es berechtigte Einwände geben. Und doch war es literarisch berechtigt, diese Bezeichnung für Trotzki zu verwenden. Denn er war ein Mann seiner Zeit, der seiner Zeit voraus war, und heute ist er ein Mann unserer Zeit.

An dieser Stelle dürfte sich die Feststellung geradezu erübrigen, dass die Geschichte Trotzkis Kampf gegen die sowjetische Bürokratie und das totalitäre Regime, das mit dem Namen Stalins verbunden war, vollkommen gerechtfertigt hat. Die Auflösung der Sowjetunion im Jahr 1991 bestätigte seine Anklage gegen Stalin als Totengräber der Oktoberrevolution, sowie auch Trotzkis Warnung, dass das bürokratische Regime, wenn es nicht durch eine politische Revolution gestürzt würde, die UdSSR zerstören und den Kapitalismus wieder einführen werde.

Trotzkis Kampf gegen das stalinistische Regime würde an sich schon ausreichen, um ihm einen Platz in der Geschichte zu sichern. Im Angesicht einer gnadenlosen Verfolgung hat Trotzki die revolutionären Prinzipien gegen ein mörderisches Regime verteidigt. Es ist jedoch wichtig, die weltgeschichtliche Bedeutung der Frage zu verstehen, die Trotzkis Kampf gegen den Stalinismus zugrunde lag: Im Zentrum stand der Widerstand gegen die antimarxistische und reaktionäre Theorie des »Sozialismus in einem Land«.

Trotzki nimmt in der Geschichte den Platz des größten Theoretikers und Strategen der sozialistischen Weltrevolution ein. Die Theorie der permanenten Revolution, die er 1906 erstmals formulierte, sah nicht nur voraus, dass die demokratische Revolution in Russland notwendigerweise die Form einer sozialistischen Revolution annehmen und sich als Diktatur des Proletariats verwirklichen würde. Trotzki erkannte – und hier fand sein politisches Genie seinen brillantesten Ausdruck –, dass sich der proletarische Kampf gegen Kapitalismus und Imperialismus als globaler Prozess entwickelte. Der Kampf der Arbeiterklasse sowohl in den fortgeschrittenen als auch in den weniger entwickelten Ländern (d. h. in den Ländern mit einer verspäteten kapitalistisch-bürgerlichen Entwicklung) musste sich auf eine internationale, und nicht auf eine nationale Strategie stützen.

1928 schrieb Trotzki aus dem Exil in Alma-Ata (vor seiner Ausweisung aus der Sowjetunion) in seiner Kritik am Programm der stalinistisch kontrollierten Dritten Internationale:

> Am 4. August 1914 hatte den nationalen Programmen unwiderruflich die letzte Stunde geschlagen. Die revolutionäre Partei des Proletariats kann sich nur auf ein internationales Programm stützen, welches dem Charakter der gegenwärtigen Epoche, der Epoche des Höhepunkts und Zusammenbruchs des Kapitalismus entspricht.
>
> Ein internationales kommunistisches Programm ist auf keinen Fall eine Summe nationaler Programme oder eine Zusammenstellung deren gemeinsamer Züge. Ein internationales Programm muss unmittelbar aus der Analyse der Bedingungen und Tendenzen der Weltwirtschaft und des politischen Weltsystems als Ganzem hervorgehen, mit all ihren Verbindungen und Widersprüchen, d. h. mit der gegenseitigen antagonistischen Abhängigkeit ihrer einzelnen Teile. In der gegenwärtigen Epoche muss und kann die nationale Orientierung des Proletariats in noch viel größerem Maße als in der vergangenen nur aus der internationalen Orientierung hervorgehen und nicht umgekehrt. Darin besteht der grundlegende und ursächliche Unterschied zwischen der Kommunistischen Internationale und allen Abarten des nationalen Sozialismus.[4]

4 Leo Trotzki, *Die Dritte Internationale nach Lenin*, Essen 1993, S. 24–25.

Zwei Jahre später erklärte Trotzki in seiner vollständigsten Formulierung der Theorie der permanenten Revolution den Verlauf des revolutionären Prozesses in der modernen Epoche:

> Die sozialistische Revolution beginnt auf nationalem Boden, entwickelt sich international und wird vollendet in der Weltarena. Folglich wird die sozialistische Revolution in einem neuen, breiteren Sinne des Wortes zu einer permanenten Revolution: Sie findet ihren Abschluss nicht vor dem endgültigen Sieg der neuen Gesellschaft auf unserem ganzen Planeten.[5]

Diese Perspektive hat sich im weiteren Verlauf der Geschichte des 20. Jahrhunderts bestätigt. In der Tat zeugen die gegenwärtigen Ereignisse davon, dass die Auswirkungen von Trotzkis globaler Perspektive Fragen auf Leben und Tod sind. Die Verbrechen der israelischen Regierung wurzeln ideologisch und programmatisch in der Behauptung, die Lösung für die historische Verfolgung des jüdischen Volkes sei in der nationalistischen Vision des Zionismus zu suchen. Die sozialistische Bewegung führte über Jahrzehnte einen unerbittlichen Kampf gegen die zionistische Ideologie. Trotzki warnte wiederholt vor den tragischen Folgen, die das zionistische Projekt haben würde. Und nun, 75 Jahre nach der Gründung des israelischen Staates, ist die zionistische Utopie zu einem höllischen Regime verkommen, das auf eine völkermörderische Politik zurückgreift, wie sie vor 80 Jahren von den Nazis gegen das europäische Judentum angewandt wurde. Doch der reaktionäre Charakter des Zionismus findet sich auch in allen anderen Formen des Nationalismus wieder. Diese Perspektive ist durch die globale Entwicklung der Produktivkräfte und die Internationalisierung des Klassenkampfs überholt. Der Nationalstaat ist längst kein Vehikel für eine fortschrittliche Entwicklung der Menschheit mehr. Das Überleben der Zivilisation ist heute vollständig vom Sturz des Kapitalismus und des nationalstaatlichen Systems und vom Übergang zu einer sozialistischen Weltföderation abhängig.

5 Leo Trotzki, *Die permanente Revolution*, Essen 2021, S. 265.

Trotzki ist die überragende Figur des 20. und 21. Jahrhunderts. Ich hoffe, dass »Leo Trotzki und der Kampf für Sozialismus im 21. Jahrhundert« dazu beitragen wird, dass sein Leben und Werk studiert werden, und vor allem, dass die Vierte Internationale als Weltpartei der sozialistischen Revolution aufgebaut wird.

Register

David North

Die Russische Revolution und das unvollendete Zwanzigste Jahrhundert

483 Seiten
ISBN 978-3-88634-132-0

Die Schlachten des 20. Jahrhunderts auf den Gebieten der Politik, Wirtschaft, Philosophie und Kunst sind nicht entschieden. Mehr als 100 Jahre nach dem Ersten Weltkrieg und der Russischen Revolution bedrohen Wirtschaftskrisen, soziale Ungleichheit, Krieg und Diktatur wieder die Menschheit.Im Gegensatz zum Postmodernismus, der die Geschichtsschreibung als rein subjektives »Narrativ« auffasst, betont David North, dass die gründliche materialistische Kenntnis der Geschichte eine Voraussetzung für das Überleben der Menschheit bildet. In 15 brillanten, polemischen Essays geht er auf die wichtigsten politischen und theoretischen Kontoversen des vergangenen Jahrhunderts ein. Enthält u. a. den Aufsatz: Der Mythos vom »ganz gewöhnlichen Deutschen«: Eine Kritik von Daniel Goldhagens »Hitlers willige Vollstrecker«.